AF371086

SCÈNES HISTORIQUES

—

MÈRE ET FILLE

CHARLOTTE DE LAVAL

ET

LOUISE DE COLIGNY

PAR

Mᵐᵉ DE WITT

NÉE GUIZOT

—※—

PARIS
GRASSART, LIBRAIRE-ÉDITEUR
2, RUE DE LA PAIX, 2

—

MÈRE ET FILLE

1891. — COULOMMIERS. IMP. P. BRODARD ET GALLOIS.

MÈRE ET FILLE

CHARLOTTE DE LAVAL

ET

LOUISE DE COLIGNY

PAR

Mme DE WITT

NÉE GUIZOT

PARIS

GRASSART, LIBRAIRE-ÉDITEUR

2, RUE DE LA PAIX, 2

MÈRE ET FILLE

CHARLOTTE DE LAVAL

CHAPITRE PREMIER

COMMENT SE FAIT UN HÉROS

Dans une salle basse de son château à Châtillon-sur-Loing, l'amiral de Coligny écrivait sur une table de chêne noircie par le temps. Ouvert devant lui, à une page blanche qui ne portait encore que le nom de trois de ses enfants, il regardait avec une tendresse respectueuse le livre de prières qu'il avait vu souvent entre les mains de Louise de Montmorency, sa mère. Tout à coup, et comme si un flot de vénération et de tristes souvenirs envahissait son âme, il inclina sa tête hardie et pressa de ses lèvres le feuillet sur lequel il venait de tracer ces lignes d'une écriture nette et ferme :

Le XXVIII de septembre M. D. LV fut née un samedy, Louise de Coligny, ma fille, entre cinq et six heures du matin, à Chastillon.

Puis, joignant les mains et pliant le genou, sa toque de velours respectueusement soulevée, Coligny répéta tout bas une prière pour la conservation de sa femme bien-aimée, Charlotte de Laval, et pour celle de l'enfant qu'elle venait de lui donner : « J'ai grande joie que ce soit enfin une fille, après ces trois fils, dont le Seigneur Dieu ne nous a laissé qu'un seul, pensait-il; ce sera une douce compagnie pour la mère et pour tous deux une consolation en nos vieux jours, si Dieu permet que le mariage ne l'emmène trop loin de nous. »

L'amiral souriait encore des rêveries lointaines où l'avait entraîné sa joie paternelle, lorsqu'il entra dans la chambre de sa femme pour l'embrasser avec son enfant avant de remonter à cheval, afin de prendre le chemin d'Abbeville où il avait laissé les troupes qu'il concentrait dans

son gouvernement de Picardie. A peine avait-il
pu donner une journée à sa femme et à ses enfants
lorsqu'un serviteur de sa maison lui avait apporté
à toute bride la nouvelle de la naissance de sa
fille.

« Vous reviendrez céans pour me voir, mon
cher seigneur? murmura Charlotte de Laval, levant
sur lui un regard interrogateur, moins ferme dans
son abnégation qu'il n'était d'ordinaire lorsque sa
santé était bonne.

— Je ne sais, et l'amiral hésitait, il me faudra
peut-être retourner en Normandie pour requérir
des gens de Dieppe un nouvel effort qui vaille
celui de ce pauvre d'Épineville, et Nevers m'a déjà
fait savoir qu'il aurait à faire de moi et de mes soldats s'il entreprenait de ravitailler Marienbourg et
Rocroy que menacent les Impériaux... Je ne me
vois guère de loisir pour le moment, mais vous
savez, ma mye, que ce qu'il y aura sera pour
vous...

— Je le sais, et en fais ma grande joie, dit
Mme l'amirale d'un accent qui reprenait sa résolution: baisez-moi seulement encore une fois et
la fille que Dieu nous a donnée en sa grâce, et

qu'il vous ait en sa sainte garde, mon cher seigneur! »

Coligny sortit après un dernier regard à la mère et à l'enfant, et sa femme, pressant ses mains sur son sein, dans sa faiblesse et son isolement, murmura entre ses lèvres pâles : « Je m'assure bien que je connaîtrai d'autres douleurs que de le voir ainsi s'éloigner de moi; le cœur me le dit bien! »

Charlotte de Laval ne s'était pas trompée, et les jours sereins du passé ne devaient pas avoir beaucoup de pareils dans l'avenir. Mariée depuis huit ans à Gaspard de Châtillon, déjà illustre à trente ans, elle avait jusqu'alors paisiblement vécu dans son château de Châtillon-sur-Loing, avec les enfants qu'elle avait à peine tenus dans ses bras qu'elle les voyait disparaître, heureuse cependant et fière quand elle possédait son mari, colonel général de l'infanterie, gouverneur de Picardie, amiral de France, grandissant tous les jours en honneur et bonne renommée, mais si fort absorbé par les affaires du roi et les devoirs de ses grandes charges qu'à peine pouvait-il accorder quelques heures à sa famille et au bonheur de « son petit ménage », comme il s'en plaignait lui-même. Heureusement, en faisant choix de Charlotte de Laval qu'il avait connue orpheline, élevée dans la maison de son oncle le connétable de Montmorency, Gaspard de Châtillon ne s'était pas trompé sur le cœur qui allait s'unir au sien. Fière, courageuse et douce, elle devait, comme la femme forte de l'Écriture sainte, lui faire du bien tous les jours de sa vie et jamais du mal, et il s'assurait en elle de cette confiance inébranlable qui est la gloire indestructible des femmes de bien. Tout en chevauchant vers la Picardie, il pensait à elle, comme de son lit elle le suivait de ses prières et de sa tendresse.

« J'irai revoir femme et enfants avant de gagner Marienbourg », se promettait-il.

Il était trop tard, et le besoin du duc de Nevers, son parent et allié, était tel que l'amiral ne put retourner à Châtillon pour embrasser la petite Louise qui grandissait et se fortifiait de jour en jour, étant belle enfant et gaie, avec un teint d'une fraîcheur éclatante qui ravissait les regards de sa mère accoutumée aux visages olivâtres des deux fils qu'elle avait perdus comme de celui qu'elle avait conservé, Gaspard, dont elle était si fière, beau et bon dès son jeune âge, plus qu'il n'est ordinaire à l'enfance. Elle instruisait son mari des progrès des deux enfants pendant qu'au mois de novembre, par « tous les froids et les pluies que jamais hiver produisit, à la barbe du prince d'Orange et de l'armée impériale », il ravitaillait Marienbourg avec M. de Nevers, se retirant promptement ensuite pour être bientôt envoyé à Vaucelles, afin de traiter des préliminaires de la paix avec les ambassadeurs de Charles-Quint. Ce fut seulement au moment de partir pour Bruxelles, afin de jurer le traité, qu'il passa quelques heures à Châtillon, avant d'aller délivrer son frère d'Andelot et son cousin François de Montmorency, fils du connétable, qui, avec le duc de Bouillon, se trouvaient depuis long-temps prisonniers des Espagnols. C'était une grande joie pour Mme l'amirale, élevée à Chantilly avec les enfants du connétable, que la main de son mari eût été choisie pour faire tomber les chaînes de son cousin.

« Vous lui transmettrez mes messages d'amour et de fidélité, disait-elle à l'amiral souriant.

— Ce sont grosses paroles pour les donner à porter à votre mari, dit-il, mais je m'acquitterai de la commission tout en saluant mon cousin, gouverneur de Paris et de l'Isle-de-France, charges que je n'ai gardées que pour les lui conserver, lorsque le roi m'a donné le gouvernement de Picardie.

— Et vous me ferez savoir ce que vous aurez pensé de l'empereur, qui me paraît troublé du cerveau de se vouloir retirer en un couvent et remettre le pouvoir à son fils. Les choses seront pis encore en Allemagne pour les princes qui sont de la Religion. »

Coligny releva la tête, regardant sa femme avec une certaine curiosité interrogatrice qui la fit légèrement rougir :

« Vous oubliez, ma mye, dit-il, que l'empereur Charles V dispose de ses États, mais non de la puissance impériale qui n'appartiendra jamais au roi d'Espagne, Philippe II, j'en suis bien assuré. Je vous ferai certainement savoir comment j'aurai trouvé l'empereur. Je ne suis pas si étonné que vous de son dégoût des choses d'ici-bas... Nul mieux que lui n'en a pu sonder le néant! Il est d'ailleurs perclu des gouttes, me dit-on, et forcé de rester couché en une chaise. »

Ce fut, en effet, ainsi étendu que Charles-Quint

reçut l'amiral lorsque celui-ci alla lui rendre visite
dans la petite maison de campagne qu'il habitait
aux portes de Bruxelles. Les doigts du souverain
étaient évidemment aussi infirmes que ses jambes,
car il ne pouvait parvenir à ouvrir la lettre de
Henri II, qu'apportait Coligny. Le cardinal Gran-
velle allait lui prêter son concours : « Grand
merci, dit-il, monsieur d'Arras, me voudriez-vous
ravir ce devoir auquel je suis tenu envers le roi
mon beau-frère? » Puis, se tournant vers
Coligny : « Que pensez-vous de moi, monsieur
l'amiral? Ne voilà-t-il pas un brave cavalier pour
courir et rompre des lances de par le monde, moi
qui ne peux qu'à bien grand'peine ouvrir une
lettre? »

L'empereur riait amèrement en regardant ses
mains gonflées et rougies par la goutte, chargées
de rubis et d'escarboucles, comme disait Brusquet,
le fou du roi de France, et il continuait de regarder
Coligny avec une expression de confiance et
d'abandon qui ne lui était pas habituelle. L'amiral en fut involontairement touché.

« L'empereur m'a fait grand accueil, ma mye,
écrivit-il le soir à sa femme lorsqu'il fut rentré

dans sa chambre. Il s'est vanté à moi de tenir à la
maison de France par son aïeule Marie de Bour-
gogne : « Je regarde comme beaucoup d'honneur
« d'être sorti du côté maternel de ce fleuron qui
« porte et contient la plus célèbre couronne du
« monde », m'a-t-il dit en s'informant des nouvelles de la santé du roi. « Il me semble par
« manière de dire, a-t-il ajouté, qu'il était en
« Espagne, il y a trois jours, tout jeune prince et
« enfant, sans poil de barbe, et à cette heure je
« parie qu'il commence déjà à grisonner. Ce sont
« les prix du métier de roi. N'est-il pas vrai. amiral,
« qu'il en est ainsi de mon beau-frère ? » Je riais
dans ma barbe et je dis : « Sire, à la vérité le roi a
« deux ou trois poils blancs, aussi en ont bien
« d'autres plus jeunes que lui. » Vous en savez
quelque chose, ma mye. vous qui voudriez en
vain ne m'en voir aucun, et je suis plus jeune que
le roi, mon seigneur. L'empereur me crut fâché,
et il reprit vivement : « Oh ! oh ! ne vous ébahissez
« si vite ! cela est moins que rien. Je vous raconte-
« rai quelque chose, monsieur l'amiral. c'est qu'en
« venant de la Goulette jusqu'à Naples, à peu près
« vers l'âge de mon frère de France, je m'avisai

« de vouloir mériter les bonnes grâces des dames
« de la ville; vous savez leur beauté et leur gen-
« tillesse? En sorte que, le lendemain de mon
« arrivée, comme j'avais fait appeler mon barbier
« pour me friser et parfumer, dans le miroir qu'on
« me présenta j'aperçus quelque chose d'étrange
« dans ma barbe : « Eh! qu'est ceci? dis-je à mon
« barbier. — Deux ou trois poils blancs, » dit-il,
« un peu étonné de ma question. Il y en avait plus
« d'une douzaine. « Otez-moi ces poils, dis-je, et
« ne m'en laissez aucun. » Ce qu'il fit. « Savez-
« vous ce qu'il en advint? » continua-t-il en éclatant de rire et en promenant ses regards perçants sur
tous les gentilshommes qui m'avaient accompagné,
parés et parfumés, eux aussi, que c'était merveille. « Quelque peu de temps après, ayant eu
« fantaisie de me regarder de nouveau au miroir,
« je trouvai que, pour un poil blanc que j'avais
« fait ôter, il en était revenu trois, en sorte que,
« si j'avais voulu recommencer, en moins de rien
« je fusse devenu blanc comme un cygne... » Ce
qu'il est à cette heure et presque pauvrement vêtu
de noir, ce qui l'empêche pas de paraître encore
bien grand seigneur et puissant prince. Je n'ai pas

obtenu réponse explicite sur les prisonniers. Ce monsieur d'Arras qui est toujours auprès de l'empereur et de son fils, ne me donne que des interprétations cornues des articles du traité qui paraissaient tout simples et clairs. J'en viendrai cependant à bout, j'en jure Dieu, il y a trop longtemps que mon frère et mon cousin languissent loin de leur pays et des leurs. Adieu, ma mye, je vous donne le bonsoir et vais me coucher. Que Dieu vous ait en sa sainte garde, ainsi que nos enfants! »

L'amiral approchait du moment où il allait lui-même faire l'épreuve de cette captivité qui avait pesé si longuement sur son frère d'Andelot. L'Espagnol Philippe II, marié à la reine Marie d'Angleterre, portait ombrage au roi Henri II; sans déclaration de guerre, sans avertissement, celui-ci donna l'ordre à son serviteur de passer la frontière et de s'emparer d'une des places ennemies. Rien n'était plus contraire aux sentiments chevaleresques et aux principes de droiture de l'amiral; il obéit cependant et, après une tentative malheureuse sur Douai, il tomba sur Lens en Artois qu'il brûla. Le feu était allumé, la guerre était déclarée, les meilleures troupes françaises étaient en Italie, con-

viées par le pape Paul IV à reconquérir le royaume
de Naples, sous les ordres de François de Guise ;
la route de Paris était ouverte à l'armée espagnole
qui marchait sur Saint-Quentin ; le gouverneur de
Picardie sollicita l'honneur de s'y enfermer et
d'arrêter l'ennemi. Pendant dix-sept jours, dans
une place à demi démantelée, sans renforts possibles, au lendemain d'une bataille désastreuse, il
retint les puissances alliées de l'Espagne et de
l'Angleterre sous les murailles de la place qu'il
défendit seul jusqu'au jour où d'Andelot parvint à se glisser dans la ville avec une poignée
d'hommes. Les larmes vinrent aux yeux de l'amiral
lorsqu'il vit inopinément arriver son frère : « Ceci
est trop ! dit-il, en serrant d'Andelot contre son
cœur, et le vaisseau va s'effondrer sur lequel
vous venez vous embarquer ! — Je le sais, monsieur l'amiral, et d'Andelot souriait, j'ai le goût des
sauvetages et nous vivrons. »

Il secouait ses vêtements mouillés tout en parlant, car il avait traversé la Somme à la nage et il
ne prit pas le temps de changer d'habits avant
de courir aux remparts. Son frère l'accompagnait et lui expliquait lui-même tous ses efforts

et les raisons assurées de l'insuccès qu'il présageait.

« Néanmoins, tout est changé à mes yeux, depuis que vous êtes céans, dit-il en appuyant la main sur l'épaule de d'Andelot, et je ne sais pourquoi les murailles me paraissent plus solides qu'hier...

— Alors, hier elles étaient bien mauvaises, dit d'Andelot qui venait de voir s'écrouler un petit pan de mur auquel il avait donné un coup de pied par essai... Quand les Espagnols auront commencé le bombardement...

— Ce ne sera pas long, pensez-vous? reprit le frère aîné, je prie seulement les miens qu'ils résistent courageusement, et puis Dieu nous conseillera ce que nous aurons à faire. »

D'Andelot avait apporté à son frère des nouvelles et des lettres de Charlotte de Laval, qui avait reçu auprès d'elle sa belle-sœur, Claude de Rieux, femme de M. d'Andelot.

« Elles pleurent ensemble, et elles prient à transporter les montagnes! avait-il raconté à son frère qui n'ignorait pas que d'Andelot avait peu à peu embrassé les doctrines des réformateurs, et qu'il

appartenait à ce parti de la Religion qui exerçait
un irrésistible attrait sur les âmes droites et sin-
cères, pénétrées du besoin de servir Dieu selon
leur conscience. « Ce que j'écrirai ce soir ne les
rassurera pas, mais le page qui va essayer d'arriver
jusqu'à Nevers pendant cette nuit leur fera parvenir une lettre, et nous n'aurons peut-être pas de
messager à dépêcher d'ici à longtemps. »

« Ma mye », disait d'Andelot à sa femme dans le
billet, écrit à grand'peine en un instant de loisir
avant le départ du page qui allait demander à
M. de Nevers une poignée d'arquebusiers échappés
à la bataille de Saint-Quentin, « j'ai eu cet heur
d'arriver à temps en ce lieu pour prêter secours à
mon frère et, s'il se peut, pour remettre le cœur au
ventre des gens effrayés et consternés qui l'entou-
rent, les ouvriers se cachant dans les caves pour ne
point travailler au relèvement des murailles. Quant
à mon frère, il espère toujours ou il dit espérer à
l'aide du roi, et lorsque l'Espagnol le bombarde de
flèches entourées de papiers portant des proposi-
tions pour la composition, il répond à toutes :
« *Regem habemus.* » Je lui ai dit que nous avions
un roi dans le ciel, mais que je ne croyais pas au

cœur de celui de la terre. Il secoua la tête, mais je
jure bien qu'il juge de même, et qu'il sent venir le
moment fatal. Je l'aiderai à tenir aussi longtemps
qu'il voudra, mais soyez tranquille, mon cœur, je
ne me laisserai pas prendre au piège et ne vous
donnerai pas la peine de me venir retrouver encore
une fois aux prisons espagnoles, comme vous eûtes
la bonté de faire en Italie. Je me promets bien de
m'évader à temps, en donnant à l'ennemi le plus de
fil à retordre qu'il sera en mon pouvoir. Sur ce,
je baise vos belles mains et prie notre Seigneur de
vous avoir en sa sainte garde, vous et ma sœur
Charlotte avec nos enfants. »

Deux jours ne s'étaient pas écoulés, et le page
traversait à peine les riches plaines du Gâtinais pour
arriver au château de Châtillon, lorsque l'artillerie
des Espagnols ouvrit onze brèches dans les murailles
croulantes de Saint-Quentin ; un assaut général fut
aussitôt ordonné. L'amiral, avec sa maison, s'était
placé à la principale ouverture qu'il défendait de
toute sa force, lorsqu'il vit passer à côté de lui,
descendant en toute hâte les rues de la ville, des
hommes du régiment du Dauphin chargés de
défendre une des tours restées debout. Au même

instant, les cris de triomphe de l'ennemi retentissaient dans la place; l'Espagnol s'était emparé de
la tour déserte, et c'était en vain que Coligny
cherchait à rallier les fuyards; il fut bientôt lui-
même prisonnier et emmené au camp du duc de
Savoie commandant le siège au nom du roi d'Espagne. Personne n'avait pu franchir la brèche défendue par l'amiral, d'Andelot combattait encore pour
fermer le chemin à l'ennemi, mais tous les efforts
des deux héroïques frères étaient inutiles; Saint-
Quentin en ruines était aux mains des Espagnols.

Coligny était instruit, il avait été élevé avec soin
par le digne précepteur que sa mère avait placé
auprès de lui; Nicolas Béraud l'avait nourri de
l'antique histoire du royaume de France, il savait
comment, au soir de la bataille de Poitiers, le
prince anglais, le vainqueur de la journée, avait
consolé par de douces paroles le roi Jean vaincu et
prisonnier, après ses grands faits d'armes; et peut-
être dans les replis de son âme modeste et fière
sentait-il qu'il avait aussi bien mérité quelque égard
semblable, de la part de ce vainqueur qu'il avait
retenu dix-sept jours devant des murailles ébran-
lées avec une garnison insuffisante, mais Emma-

nuel-Philibert n'avait pas le cœur aussi bien placé que le prince Noir, et l'amiral se vit humilié, dédaigné, placé au bas bout de la table, sans que le duc lui dît une seule parole, mais fît au contraire semblant de ne pas le voir. Coligny se taisait aussi replié sur lui-même, l'œil fixé sur la porte par laquelle il craignait à tout instant de voir amener d'Andelot; rassuré sur ce point, il rentra dans sa tente entouré des soldats qui le gardaient. Un d'eux était des Pays-Bas et avait plus d'une fois aperçu l'amiral à la tête de ses troupes, aussi ardent que sage, entraînant ses soldats par l'élan de son imperturbable courage. Il s'étonna de son silence :

« Pourquoi Votre Seigneurie reste-t-elle silencieuse et ne parle-t-elle à personne? lui demanda-t-il. Les affaires de France vont bien, mais nous avons encore à prendre le roi.

— Avant trente jours, dit l'amiral, le roi viendra avec une puissante armée, et tu verras alors ce qui se passera. »

Le Flamand riait : « D'ici à trente jours, nous aurons pris la Fère, Guise, le Catelet et Péronne. »

Coligny se redressa; ses yeux lançaient des

éclairs. « Dans cette heure de malheur, tu ne dis même pas : *S'il plait à Dieu!* » s'écria-t-il.

C'était la leçon que Coligny allait lui-même apprendre et méditer pendant les longs mois de sa captivité. La conclusion de son *Discours* sur le siège de Saint-Quentin prouve, comme le reste de sa vie, qu'il l'avait comprise et profondément reçue dans ce cœur invinciblement fidèle que Dieu seul pouvait émouvoir.

« Tout le reconfort que j'ai, écrivait-il, c'est celui qu'il me semble que tous les chrétiens doivent prendre, à savoir que tels mystères ne se jouent point sans la permission et volonté de Dieu, laquelle est toujours bonne, sainte et raisonnable et qui ne fait rien sans juste occasion, dont toutefois je ne sais pas la cause et m'en dois aussi peu enquérir, mais plutôt m'humilier devant lui en me conformant à sa volonté. »

Lorsqu'il sortit du château de Gand où il avait été transporté du fort de l'Ecluse, Coligny avait subi la grande transformation qui le devait placer deux ans plus tard à la tête du parti de la Religion. Seul avec Dieu, et la Bible que lui avait procurée d'Andelot, il parvint dans ce sublime tête-à-tête à se former un ensemble de croyances que rien ne devait plus ébranler. Dans les lettres de sa femme, toujours renfermée dans son château de Châtillon, comme il l'était dans sa prison, il lisait à n'en pas douter que le même travail s'accomplissait dans son âme, et déjà Calvin, bien informé à Genève de ces grandes conquêtes, écrivait à tous les deux pour les fortifier en « constance invincible ».

Ce n'était pas chose facile ni sûre que la correspondance avec les prisonniers, et la méfiance des Guises était en éveil au départ des missives aussi bien que celle des Espagnols à l'arrivée; les gens malveillants pouvaient ainsi découvrir entre les lignes des lettres d'affaires ou de tendresse échangées entre Charlotte de Laval et son époux captif, cette confiance haute et ferme, cette préoccupation constante des choses d'en haut qui caractérisaient les réformés français s'en allant, croyaient-ils, à la conquête de leur patrie bien-aimée pour la foi qui leur était plus chère encore. L'expression même de la sollicitude maternelle laissait percer les convictions profondes qui se mûrissaient lentement dans l'âme de la femme isolée, chargée de soucis et de grandes affaires, représentant son mari dans la ges-

tion de la fortune, le soin des terres et des dépen-
dants.

« Gaspard a été malade en son lit des fièvres
quartes, écrivait-elle, et n'ai pu trouver de repos
en son endroit qu'à le remettre aux mains du Dieu
tout-puissant, notre Sauveur Jésus-Christ, tant il
était dévoré de chaleur et transporté en son esprit.
J'ai cru un moment ne vous le pas remettre quand
nous aurons la joie de vous voir céans, mais Dieu
a eu pitié de mes larmes, et il a entendu mon cri.
Votre fils s'en va de jour en jour en meilleure
santé, et il a recommencé de jouer avec sa petite
sœur Louise qui pleurait sans cesse lorsqu'elle l'a
vu malade. »

En 1559, Coligny eut enfin la joie d'embrasser
de nouveau sa femme et ses enfants, mais il rentrait à Châtillon le cœur triste, car la paix de
Cateau-Cambrésis avait été lourde pour la France,
et l'amiral était également frappé par la persécution
chaque jour plus dure qui traquait, dans leurs assemblées les plus secrètes, ces réformés qu'il nom-
mait à part lui ses frères sans encore s'être déclaré
hautement de leur parti. Comme d'Andelot l'avait
devancé dans le travail intérieur de leur conversion

commune, il l'avait devancé dans la confession courageuse de sa foi en présence même du roi.

« Je vous supplie, sire, avait-il dit à Henri II, de laisser ma conscience sauve, et de vous servir du corps et des biens qui sont en tout vôtres. »

Mais d'Andelot, plus ardent et plus prompt que son frère à se décider et à proclamer ses décisions, n'était pas autant que lui inébranlable dans ses résolutions. La colère du roi avait été si grande contre l'insolence du sujet favorisé qui osait réclamer sa liberté religieuse qu'il lui jeta un plat à la tête et le fit aussitôt mettre en prison. Accablé de promesses et de menaces, assailli de prières, auxquelles se mêlaient malheureusement celles de sa femme, lassé de la prison dont il avait fait naguère une si dure expérience, d'Andelot consentit à laisser dire en sa présence une messe qu'il devait amèrement regretter par la suite, et lorsqu'il eut recouvré la liberté à ce prix, il eut le déplaisir de voir son frère qui venait d'échapper au château de Gand refuser d'assister à la cérémonie qui fut célébrée à l'occasion de la prestation de serment pour la paix. D'Andelot se frappait la poitrine de ses deux poings fermés.

« Châtillon est plus ferme dans son silence que je
ne le suis dans toutes mes paroles », dit-il en rentrant chez lui à Claude de Rieux, qui rougit violemment. Ni le mari ni la femme ne devaient
jamais assez implorer le pardon de Dieu pour ce
jour de faiblesse.

Le roi Henri II était mort, blessé à l'œil par
Montgommery d'un éclat de sa lance dans une
passe d'armes, et la France tombait entre les
mains d'un roi presque enfant dominé par les
oncles de sa femme. le duc de Guise et le cardinal de Lorraine, tous deux aussi ambitieux que
peu scrupuleux, animés d'une haine profonde
pour ceux de la Religion, à la tête desquels, dans
le fond de leurs pensées, ils plaçaient déjà l'amiral
de Coligny. Un conseiller au Parlement de Paris,
Anne du Bourg. arrêté par ordre du roi Henri II
aux derniers jours de son règne, fut condamné à
être brûlé vif, dès le début du gouvernement des
Guises.

« Je pardonne à mes juges, dit le condamné en
entendant l'arrêt du Parlement : ils ont jugé selon
leur conscience, non selon la science qui vient
d'en haut. Éteignez vos feux, sénateurs, conver-

tissez-vous; vivez heureux. Pensez sans cesse à Dieu et en Dieu. »

Il monta sur son bûcher en répétant : « Mon Dieu, ne m'abandonnez pas, de peur que je ne vous abandonne! » Il avait été jeté en prison naguère pour s'être écrié en plein Parlement : « Ce n'est pas chose de minime importance que de condamner ceux qui, au milieu des flammes, invoquent le nom de Jésus-Christ. »

Ce fut ce moment si tragique dans l'histoire de l'Église réformée, et lorsque les nuages les plus sombres commençaient à s'amonceler au-dessus de sa tête, que l'amiral de Coligny choisit pour faire ouvertement profession de la foi qui grandissait silencieusement dans son cœur depuis plusieurs années. Bien assuré de partager toutes ses pensées avec la fidèle compagne de sa vie, qui l'avait souvent et affectueusement conjuré au nom de Dieu de dire tout haut ce qu'il croyait tout bas et de s'enrôler dans l'armée de Christ, humiliée et persécutée, pour en porter le drapeau comme il avait fait, sa vie durant, des lis de France, il résolut de s'ouvrir franchement avec elle du parti qu'il méditait de prendre, afin de la prier de bien considérer comment il n'avait jamais ouï dire qu'aucun de ceux qui, en Allemagne ou en France, avaient fait ouvertement profession de religion, ne se fût trouvé accablé de maux et de calamités, et que particulièrement en France, par les édits des rois François I et Henri II, rigoureusement observés par les parlements, ceux qui étaient convaincus d'hérésie devaient être brûlés vifs, à petit feu, en place publique, et leurs biens confisqués par le roi. « Toutefois, ajoute-t-il, si vous êtes, mon cœur, disposée à accepter avec confiance en Dieu, la condition commune de ceux de la Religion, de mon côté je ne manquerai point à mon devoir. »

Elle leva sur lui des yeux brillants de larmes, et rayonnants d'une joie céleste, non comme une femme qui met le pied dans un chemin étroit et rocailleux, mais comme celle qui entrevoit la couronne au terme de la course :

« Je n'ai pas connaissance que cette condition de la religion que vous dépeignez véritablement, soit autre que celle qui a toujours été le partage de l'Église de Dieu, dit-elle, et je ne doute point qu'elle n'y doive demeurer jusqu'à la fin du monde.

— Ainsi soit-il donc fait! » reprit l'amiral, et il appuya ses deux mains sur le haut du bâton dont il s'aidait en sa marche, ayant été récemment malade de la fièvre. Il ne parlait pas, Charlotte de Laval respectait son silence, et tous deux demandaient à Dieu la force de lui demeurer éternellement fidèles en combattant jusqu'au sang le bon combat de la foi.

Ce fut le saint jour de Noël 1559 que l'amiral et sa femme s'approchèrent pour la première fois ensemble du repas sacré de la Cène. Ses enfants assistaient au culte célébré dans une des salles du château de Châtillon. François, qui n'avait que deux ans, reposait encore dans les bras de sa nourrice qui, n'étant pas de la religion, n'était pas venue au prêche, mais Gaspard, qui avait cinq ans, Louise, qui en avait quatre, étaient tous les deux assis à côté de leur mère, si immobiles et si attentifs qu'on les eût pu prendre pour des figures de cire, si les yeux animés de la petite fille et les signes qu'elle faisait de temps en temps à son frère n'eussent trahi des impatiences et des curiosités que l'éducation et le respect réprimaient seuls. Lorsque Charlotte de Laval se leva sur l'appel du

ministre pour s'approcher de la table sainte, la
petite fille, assise à ses pieds sur un tabouret, se
leva comme elle et elle allait la suivre avec
M. l'amiral, au milieu des fidèles, les yeux baissés,
les mains jointes, pieusement absorbés par l'acte
sacré auquel ils allaient prendre part, si Gaspard
n'eût étendu la main pour la retenir, avec un geste
d'indignation auquel Louise ne comprenait rien.
Elle se laissa faire, un peu confuse, étonnée aussi
que sa mère ne fit pas attention à elle, et elle revint
s'asseoir à côté de son frère sur le marchepied qu'ils
partageaient ensemble. Le petit garçon ramassa le
cure-dent d'argent que l'amiral tenait habituellement entre ses doigts, et qu'il avait laissé échapper
en se levant pour s'approcher de la table sacrée.

« Je n'ai jamais vu monseigneur mon père sans
son cure-dent à moins qu'il ne fût endormi et
malade en son lit », murmurait Gaspard à voix
basse.

Mais Louise ne faisait pas attention à ce qu'il
disait : « Pourquoi m'avez-vous empêchée d'aller
avec madame ma mère ? chuchotait-elle ; avant de
descendre de notre chambre, elle m'avait dit de
faire tout comme elle.

— Ce qu'ils font à cette heure n'est pas le fait des enfants, dit Gaspard d'un air sérieux, aussi fort au-dessus de son âge que tout l'ensemble de son caractère. Il faut être de ceux qui aiment Dieu par-dessus toutes choses pour manger de ce pain et boire de cette coupe! »

La petite Louise baissa les yeux; elle aimait bien le Seigneur Dieu, mais pas par-dessus toutes choses! Par-dessus madame mère! Décidément Gaspard avait eu raison de la tirer par sa robe!

Quelques jours après cet acte solennel dont la nouvelle réjouit les Églises réformées de France, Coligny se rendit à Blois, où se tenait la cour, pour s'y démettre de sa charge de gouverneur de Picardie.

« Je ne saurais faire exécuter les édits du roi contre ceux de la Religion, dit-il à Charlotte de Laval, et ma fidélité envers lui ne me permettrait pas de m'y opposer. Je me bornerai donc à remplir les devoirs de ma charge d'amiral, m'efforçant le plus possible d'assurer en même temps la grandeur du roi et le repos de quelques-uns de nos frères, en tentant de nouveau et avec plus de vigilance les efforts que je fis naguère pour établir des Français en Amérique. La mauvaise foi de ce misérable Villegagnon a tout fait échouer au Brésil. Peut-être réussirons-nous mieux ailleurs.

— En tout cas, vous serez à cette heure plus libre de faire appel à ceux de la Religion qui se confient en vous, repartit Charlotte de Laval avec un des rares sourires qui venaient parfois illuminer sa physionomie grave et souffrante ; je ne saurais vous dire combien je rends grâces à notre Seigneur, que nous ayons enfin rejeté tous les voiles et mensonges. Quand vous reviendrez céans nous mettrons la famille sur le pied qui convient à des serviteurs de l'Éternel, n'est-il pas vrai, mon cher seigneur ?

— Vous en ferez les projets et préparatifs, ma mye », dit l'amiral en sortant de la chambre. Son cheval et ses gens l'attendaient à la porte, et la reine Catherine de Médicis l'attendait à Blois.

C'était le moment où le roi de Navarre, Antoine de Bourbon, mari de Jeanne d'Albret, longtemps irrésolu entre le catholicisme et la réforme, semblait pencher vers le parti de la cour et des Guises, négligeant et attristant si fort la reine, sa femme, qu'elle avait repris fièrement le chemin de ses

États. Louis de Condé, son frère, étourdi et fou-
gueux, avait hautement arboré le drapeau de la
religion dont il ne pratiquait pas les austères pré-
ceptes, étant un assez mauvais mari pour Éléonore
de Roye, nièce de l'amiral et tendrement aimée
par lui. Les chefs du parti réformé réclamaient
sans cesse pour leur peuple, non pas la liberté
comme principe général dans la constitution de
l'État, mais la libre manifestation de la foi et le
libre exercice du culte, obstinément refusés par le
parti dominant, à la tête duquel se trouvaient les
Guises.

« En dehors, je ne veux pas dire au-dessus de ces
deux grands partis armés des forces et représen-
tants des idées et des passions nationales, dit
M. Guizot dans son *Histoire de France*, la reine
Catherine de Médicis travaillait sans bruit à en
former un troisième, plus indépendant du public
et plus docile avec elle, fidèle surtout à la couronne, aux intérêts de la maison royale et de ses
serviteurs; un parti catholique, mais regardant
comme une nécessité le soin de ménager les
réformés et de leur faire des concessions, un tiers
parti, comme on dirait de nos jours, politique et

prudent, un peu prodigue de promesses sans être bien sûr de pouvoir les tenir, peu embarrassé d'avoir à changer d'attitude et de langage selon les mobiles situations du temps, préoccupé surtout de maintenir la paix publique et d'ajourner les questions qu'il ne pourrait résoudre pacifiquement. »

C'était ce parti et la maîtresse souveraine qui le dirigeait qui avaient bien des fois déjà bercé les réformés d'espérances illusoires et de promesses trompeuses qui portèrent tout à coup leurs fruits dans la conspiration d'Amboise, dirigée contre les Guises, par les ardents parmi les réformés, et soigneusement cachée à l'amiral par ceux qui connaissaient sa fidélité obstinée au roi et à son gouvernement.

La conspiration échoua comme elle devait échouer, elle fit couler des flots de sang, elle alluma des haines mortelles entre les bourreaux et les victimes; l'écho en retentissait jusqu'au château de Châtillon que Coligny venait de quitter, de nouveau appelé à Blois par la reine mère.

« Une des dames de ma nièce Éléonore m'écrit pour me donner de ses nouvelles », disait Mme l'amirale au précepteur de ses enfants, maitre

Legresle, « et elle me raconte à mots couverts les
horreurs qui se passent à Amboise, où chaque soir
on jette à la Loire, sous les yeux des dames, les
malheureux qu'on accuse d'avoir été complices de
la conjuration, et les têtes tranchées attachées à
des poteaux. Bien a pu dire l'une des victimes
avant de mourir en plongeant ses mains dans le
sang de ceux qui l'avaient précédé : « Père céleste,
« voilà le sang de tes enfants, tu en feras ven-
« geance! »

Elle s'arrêta, suffoquée par l'émotion : « *Semen
Ecclesiæ!* madame, ne l'oubliez pas! » dit le précepteur, et la dame le remercia par un regard
reconnaissant, en murmurant : « Jusques à quand,
Seigneur, jusques à quand? »

L'amiral était à Amboise, mais il n'écrivait pas à
sa femme les épouvantables spectacles dont il
avait encore été témoin; il avait horreur de la
conspiration et ne croyait pas alors permis l'usage
de la force; en le voyant entrer dans sa chambre,
la reine avait tressailli, venant au-devant de lui
comme entraînée par un irrésistible élan d'inquiétude maternelle : « Ah! Châtillon! avait-elle crié,
vous n'abandonnerez pas mon fils! »

« Je ne voulais abandonner ni le roi ni mes
frères, écrivit l'amiral à sa femme, et je dis à la
reine que le roi était gouverné par des gens plus
haïs que la peste, en sorte qu'il n'y avait d'autres
moyens d'empêcher une grande sédition que d'accorder un édit qui assurât aux réformés le libre
exercice de leur religion. Elle l'a promis et ce
qu'on me dit de ses projets me paraît chose possible à accepter, mais je commence à savoir ce que
valent les paroles de cour. Je suis chargé de paci-
fier la Normandie. Mon frère d'Andelot va en
Bretagne. Vous ne me reverrez donc pas de sitôt
auprès de vous. »

Charlotte de Laval ne s'y trompait pas, elle sentait le vent de tempête qui commençait à souffler
sur la France et sur l'Église réformée ; elle écrivit à
son mari, comme il revenait de Normandie pour
présenter les requêtes des réformés à l'assemblée
des notables réunis à Fontainebleau : « Vous
m'avez préparée aux maux que je vois venir, ne
craignez point, je ne faiblirai pas au besoin
et vos enfants ont déjà du courage. Gaspard me
demandait hier quand il aurait une épée pour
servir le roi et les pauvres gens de la religion. »

De Fontainebleau, où il avait apporté les requêtes des Églises de Normandie qu'il avait pu faire signer par cinquante mille personnes, à Orléans où étaient enfin convoqués les états généraux, au grand déplaisir des Guises, Coligny allait de lieu en lieu, défendant les opprimés et réprimant de son mieux leurs violentes aspirations, toujours équitable, fidèle, conciliant et comme la colonne plantée au milieu de la maison de Dieu dont parle saint Jean dans sa Révélation. Il avait vainement cherché à empêcher la venue aux états du roi de Navarre et du prince de Condé son frère, bien assuré que la perte de ce dernier était décidée depuis l'affaire d'Amboise et la résistance hautaine qu'il avait opposée aux Guises dans le conseil du roi. Il travaillait maintenant à seconder les efforts de sa nièce, Éléonore de Roye, princesse de Condé, venue à Orléans pour intercéder en faveur de son mari, prisonnier et accusé de haute trahison. Les nouvelles qui parvenaient à Mme de Roye, arrivée depuis peu, et à Charlotte de Laval à Châtillon, n'étaient pas rassurantes. et elles justifièrent cruellement les appréhensions de la jeune princesse lorsqu'elle avait

cherché à retenir son mari en route pour Orléans :
« Je vous supplie très humblement, lui avait-elle
écrit, de n'avoir pas le cœur assez lâche pour
vous aller jeter en leurs filets, quelques belles
promesses que vous ayez du roi; si j'étais homme
et à votre place, j'aimerais mieux mourir en
combattant l'épée au poing pour une si juste
querelle, que monter sur un échafaud pour tendre
le col à un bourreau sans l'avoir mérité. »

L'amiral avait lu cette lettre. Condé l'avait
montrée à son oncle en arrivant à Orléans : « Ce
sont bons conseils que vous donnait votre femme
et vous auriez fait sagement de l'écouter en cette
affaire comme en quelques autres », avait dit
Coligny qui aimait fort Condé, mais n'avait pas les
yeux fermés sur ses torts. « C'est en effet d'un
échafaud qu'il s'agit, on vous condamnera comme
hérétique si on ne trouve pas matière à haute
trahison, ce qu'à Dieu ne plaise. Le bûcher d'Anne
du Bourg fume encore.

— Les bûchers ne sont pas pour des gens tels
que moi! » avait reparti fièrement le prince; mais
son procès avançait rapidement.

« Il n'a même pas eu la permission de voir Éléonore, écrivait l'amiral à sa femme; pour elle, la pauvre enfant, elle recourt à tous ceux qu'elle estime amis, mais on en fait moins de compte que de la plus petite demoiselle de France; le roi de Navarre lui-même n'ose lui parler par crainte qu'il a pour sa propre vie. Bref, il ne se trouve ni courtisan, ni citadin assez hardi pour la saluer seulement soit en public, soit en particulier, tant elle est de près observée, et lorsqu'elle a trouvé chemin par argent ou autrement pour entrer dans la chambre du roi, le cardinal de Lorraine a bien osé l'en chasser fort rudement, disant qu'elle était importune, et que qui lui rendrait ce qui lui était dû, la ferait jeter elle-même dans un cul de basse-fosse. »

Lorsque l'amiral avait quitté Châtillon pour se rendre aux états généraux après avoir passé quelques heures auprès de sa femme et de ses enfants à son retour de Normandie, Charlotte de Laval ne se faisait pas plus d'illusions qu'Éléonore de Roye sur le danger que courait son mari en se rendant à Orléans. Coligny lui-même l'en avait avertie avec cette franchise courageuse et tendre qui caractérisait leur intime union.

« Je ne puis attendre aucune bonne issue pour ma personne dans le lieu où je vais et où il est nécessaire que j'aille ; car j'y puis par aventure servir le roi et l'Église », avait-il dit la main dans la main de sa femme souffrante et sur le point d'accoucher, mais aussi ferme que jamais : « j'ai toutefois telle confiance en Dieu qu'il aura pitié à la fois de l'Église et du royaume. Je ne vous recommande qu'une chose, ma mye, c'est de demeurer constamment en la vraie doctrine de l'Évangile que nous avons eu, vous et moi, le bonheur de recevoir, et de continuer à y élever nos enfants, leur enseignant de bonne heure qu'ils ne peuvent être plus grandement honorés que de souffrir pour son nom ! »

Il s'arrêta, comme s'il hésitait à poursuivre ; sa femme le regardait, attendant des ordres plus particuliers. Il reprit : « Je vous encharge étroitement, mon cœur, soit que vous entendiez parler de ma prison ou de ma mort, de ne point cesser de poursuivre votre course, et quand vous aurez donné le jour à l'enfant que vous portez, de le faire aussitôt baptiser par M. Merlin qui est un vrai ministre de la parole de Dieu, comme il nous l'a montré à vous et à moi par ses bons enseignements, depuis qu'il nous fut donné par Calvin. »

Les yeux de Charlotte de Laval n'avaient pas un instant quitté ceux de son mari : « Ainsi ferai-je en toute chose », dit-elle simplement, et elle se leva pour aller chercher les enfants que leur père voulait embrasser et bénir avant de quitter sa maison. Ils entrèrent bientôt. Gaspard conduisait le petit François, dont Louise tenait l'autre main. Tout accoutumés qu'ils étaient à ne voir leur père qu'à de longs intervalles et pour un instant seulement, quelque chose de plus grave et de plus ému qu'à l'ordinaire sembla toucher leurs jeunes cœurs dans les regards de leur père et de leur mère. Louise, toujours vive et emportée, s'élança dans les bras de l'amiral, entraînant après elle le petit François et Gaspard à la suite :

« Je ne veux pas que vous partiez, monseigneur, dit-elle, ou emmenez-nous tous avec vous sur votre bon cheval !

— A Dieu ne plaise ! » dit tout bas l'amiral, détachant doucement les petites mains qui s'accrochaient à son cou, comme s'il avait lui-même atteint les limites de son courage, et se baissant pour envelopper la mère et les enfants dans un même embrassement : « Je vous laisse à Dieu! » dit-il encore, et il partit.

Aucune nouvelle d'un danger personnel pour Coligny n'était arrivé à Châtillon, mais Condé était condamné et il allait mourir, lorsque la main de Dieu s'étendit pour frapper un coup qui ébranlait dans ses fondements toute la puissance malfaisante des Guises. Comme Charlotte de Laval, ses enfants et ses gens sortaient de la chapelle où M. Merlin venait de faire la prière par une froide matinée de décembre, le bruit des pas précipités d'un cheval retentit sur le pont-levis dont on entendait encore grincer les chaînes, et le jeune M. d'Erlach, page de l'amiral, sauta presque aussitôt de son coursier à la porte du château. entrant sans autre cérémonie jusqu'à la petite salle où se tenait d'ordinaire Charlotte de Laval :

« Madame, le roi est mort! dit le jeune Suisse, élevé dans sa maison dès l'enfance, et pénétré pour elle de la plus vive affection. « Cela nous apprend à « vivre! » a dit M. l'amiral à ses gens, et il n'avait quasiment pas fini de parler, que M. le connétable entrait par les portes d'Orléans fermées la veille à tous, mais qui se sont ouvertes pour lui. J'en ai profité pour sortir, bien assuré que M. l'amiral vous voudrait de suite faire savoir les nouvelles. M. le prince l'a échappé belle; Mme la princesse s'est jetée dans les bras de M. le connétable comme il arrivait, en criant : « Enfin! vous voilà, mon oncle! Il n'était que temps! »

Charlotte de Laval était rentrée dans la chapelle, sans en demander davantage au jeune page. Elle portait aux pieds de Dieu ses émotions diverses et contradictoires, sa douloureuse sympathie de mère qui s'étendait à Catherine de Médicis qu'elle n'aimait pas et qu'elle redoutait, sa reconnaissance terrifiée envers le Maître tout-puissant dont le souffle détruit les trames les plus habilement nouées, et son inquiétude pour un avenir plus ou moins obscur. Ses petits enfants s'accrochaient à sa robe, étonnés et effrayés, car ils n'étaient pas accoutumés à voir couler les larmes de leur mère; Charlotte de Laval pleurait le roi François II. pauvre enfant plié sous un joug funeste et dont la vie était menaçante pour tout ce qu'elle aimait : « Pauvre mère! pauvre femme! » pensait-elle tout en priant pour Catherine de Médicis et Marie Stuart.

Pendant que son page galopait sur la route de Châtillon pour y porter l'importante nouvelle, l'amiral était rentré dans sa chambre. Plongé dans une profonde rêverie, il s'était laissé tomber sur un fauteuil, à côté du feu, la tête entre ses mains. Ses pieds reposaient sur les chenets. Un de ses gentils-hommes était auprès de lui qui voulait lui demander quelques ordres, mais qui attendait respectueuse-ment, craignant de troubler ses méditations. Cepen-dant une senteur étrange se répandait dans la chambre; le gentilhomme, qui avait nom Fon-taine, s'aventura à faire un pas derrière le fauteuil de l'amiral et s'aperçut que le bout de ses bottines commençait à brûler.

« Monseigneur, lui dit-il vivement et comme emporté par un irrésistible instinct d'ordre, mon-seigneur, c'est trop rêver, il n'y a point de raison, vos bottines sont toutes brûlées!

— Ah! Fontaine, dit l'amiral, avec cette promp-titude de riposte qui contrastait parfois avec la lenteur ordinaire de son esprit : il n'y a pas huit jours, toi et moi, nous aurions bien voulu en être chacun quittes pour une jambe, et aujourd'hui nous en sommes quittes pour une paire de bottines, c'est bon marché. »

Un peu de repos paraissait devoir suivre cette tragique intervention de la volonté divine. Pendant que Catherine de Médicis, régente du royaume pour son fils le roi Charles IX, âgé seulement de dix ans, travaillait à maintenir l'équilibre entre les partis, semblant parfois incliner vers les protestants auxquels elle avait accordé un édit de tolérance, Coligny se retira pour quelque temps à Châtillon, où il fit baptiser, par Merlin, son fils Odet, à la veille de Noël 1560. Ce fut un grand sujet de joie pour les Églises réformées qui voyaient en même temps la duchesse de Ferrare, Renée de France, fille de Louis XII, se déclarer hautement en faveur de la religion à laquelle elle était depuis longtemps attachée en secret. Fixée en France, dans le château de Montargis, elle était fréquemment en rapports avec Charlotte de Laval, à laquelle l'attachait une amitié sincère comme des croyances communes. Le manoir de l'amiral était grave et la vie qu'on y menait était gouvernée par une règle austère, mais les enfants y étaient nombreux; ils y grandissaient sous la direction de leur mère et de leur précepteur, s'instruisant à toutes ces belles connaissances des lettres et des arts, du passé et du présent, dont le goût renaissait de toutes parts, que Renée de France avait cultivées à la cour de Ferrare et dont l'amiral voulait doter sa petite ville de Châtillon-sur-Loing, dans laquelle il fonda un collège. Les enfants de Coligny menaient ainsi auprès de lui une belle vie en s'ébattant tous ensemble joyeusement. Louise restait la plus gaie, la plus animée, comme la plus douce de ce petit troupeau enfantin, qu'elle dirigeait d'ordinaire comme une reine, mais lorsque Gaspard voulait intervenir, lui qui était habituellement réservé, grave, presque mélancolique, la petite fille abdiquait instantanément, sans conteste, reconnaissant sans peine la supériorité native de son frère. L'amiral et sa femme n'osaient pas s'avouer l'un à l'autre la préférence secrète qui les attirait vers ce fils aîné.

La maison de l'amiral était ouverte à tous, et les délégués des Églises réformées, les capitaines étrangers ou français qui venaient visiter l'illustre guerrier, s'asseyaient indifféremment à cette table que Coligny bénissait lui-même à chaque repas, faisant chanter un psaume et faire la prière à ses hôtes avant de se séparer d'eux.

Dans ce beau château orné et agrandi par les plus illustres artistes de la Renaissance, la vie la plus simple se trouvait unie à l'hospitalité la plus large, à la charité la plus généreuse, et, dans la petite ville de Châtillon, les catholiques et les prêtres qui les instruisent étaient protégés et heureux. « Encore que je ne sois amateur de messes, répétait parfois l'amiral, si puis-je dire qu'il n'y a lieu en France où les prêtres puissent vivre en plus grande liberté que dans ma ville, non que j'y prenne grand plaisir, mais pour obéir aux édits du roi. » Charlotte de Laval eût peut-être usé de moins de tolérance, et Gaspard disait quelquefois : « Pourquoi laisser dire ces prêtres quand ils instruisent le peuple autrement que M. Merlin et notre bon Legresle ? Ceux-ci savent la vérité mieux que tous les autres. »

La situation de l'Église réformée semblait devenir meilleure. La reine avait autorisé un colloque ou conférence générale où devaient se débattre par les théologiens les doctrines de la foi protestante comme celles de la foi catholique, et sous cette nouvelle apparence d'égalité se cachaient de grandes espérances; la reine Catherine elle-même semblait ébranlée et ses dames faisaient souvent faire le prêche en sa chambre. Le petit duc d'Anjou, plus tard Henri III, et l'instigateur passionné de la Saint-Barthélemy, « de qui l'enfance n'avait pu éviter l'influence de la malheureuse huguenoterie, criait sans cesse aux oreilles de sa sœur Marguerite la future femme de Henri de Navarre , afin qu'elle changeât de religion, lui jetant ses Heures au feu pour les remplacer par des Psaumes et des prières huguenotes qu'il la contraignit de porter en ses poches. Le petit roi Charles IX. nourri d'enfance par une huguenote, ne se gênait pas de dire à sa tante, la reine de Navarre, que, lorsqu'il serait maître, il quitterait la messe; « mais en attendant, ajoutait-il, gardez « cela pour vous, ma tante, et que ma mère surtout n'en sache rien ».

Tout l'effort sincère des théologiens protestants, toutes les habiletés passionnées du cardinal de Lorraine et les conciliations du chancelier de l'Hôpital ne purent réussir à faire jaillir l'union ni même la tolérance au sein d'opinions si violemment contradictoires. Le colloque se termina, comme il devait se terminer, par des sentiments plus aigus et une animosité plus aiguisée, non seulement entre catholiques et protestants, mais entre les luthériens et les calvinistes. Seul, l'amiral travaillait sans cesse à prémunir ses amis et ses frères contre tout esprit de discorde, et il pénétra de respect et d'admiration tous ceux qui l'approchèrent. « Si Dieu veut faire surgir le salut de l'État des troubles qui désolent actuellement la France, disaient en quittant Saint-Germain les théologiens allemands, ce sera assurément en faisant de cet homme l'instrument de ses desseins. »

Ce n'était point du tout le fait des Guises qui avaient relevé la tête depuis leur abattement momentané à la mort du roi François II, et ils comptaient bien remettre la main sur la reine Catherine qui ne pouvait solidement s'allier avec les huguenots, lorsque le duc se laissa emporter par la haine qui lui montait toujours au cœur lorsqu'il se trouvait en présence des réformés. Il traversait Vassy, petite ville de Champagne, lorsqu'il entendit sonner des cloches. « Qu'est là ? »

demanda-t-il brusquement, comme s'il eût reconnu
que la voix de ces cloches avait quelque chose
d'hérétique. On lui répondit que c'était le prêche
des huguenots de Vassy. « Y en a-t-il beaucoup? »
demanda-t-il. On lui dit que oui, et que leur
nombre allait toujours croissant, comme cela
s'était passé à Paris où les nouveaux édits autori-
saient les assemblées de deux cents personnes,
tandis qu'à la première on s'était trouvé dix
mille.

« Alors, dit le récit du temps, il commença de
maronner, il s'anima en son courage, mordant sa
barbe comme il avait coutume de faire quand il
était courroucé ou avait désir de se venger. La
même colère se répandit dans sa suite, la congré-
gation huguenote fut attaquée, le duc qui s'était
arrêté pour diner se rendit sur le lieu de la querelle, il reçut des pierres, les dagues sortirent du
fourreau, un engagement général s'en suivit, fort
au désavantage des protestants peu ou point armés.
Le feu était rallumé, les édits de tolérance étaient
violés et l'indignation des réformés devint violente
et menaçante. Le prince de Condé offrit aussitôt
cinquante mille hommes pour défendre la cause

protestante; le roi de Navarre, au contraire, déjà tout à fait gagné par la cour et par les séductions dont savait user Catherine, accueillit fort mal les représentations de Théodore de Bèze. « Il est vrai « que c'est à l'Église de Dieu d'endurer les coups « et non de les porter, repartit le théologien gen- « tilhomme, mais n'oubliez pas, sire, que c'est « une enclume qui a usé beaucoup de marteaux. »

CHAPITRE II

COURAGE DE FEMME

De tous côtés la lutte commençait. La noblesse protestante se sentait menacée et s'armait spontanément pour se défendre. Dans les endroits, peu nombreux, où elle se trouva la plus forte, ses violences contre les catholiques signalèrent cette vérité historique que l'idée de la liberté religieuse, voire même celle de la tolérance religieuse, n'était encore entrée que dans quelques esprits supérieurs, celui de Coligny ou de Guillaume le Taciturne, et qu'elle n'appartenait pas plus à la masse des réformés qu'aux catholiques. La guerre civile et religieuse devenait imminente; le prince de Condé s'était retiré à Meaux, appelant ouvertement à lui tous les chefs des réformés, mais Coligny hésitait encore, pénétré de ces doutes et de ces craintes patriotiques qui firent plus tard hésiter M. de Bonchamp au moment de s'engager dans la guerre de Vendée : « Nous n'y trouverons même pas la gloire, disait le Vendéen; la guerre civile n'en donne pas. » Coligny le savait comme lui. Il répondit cependant à l'appel de Condé, qui lui avait écrit que César n'avait pas seulement passé le Rubicon. mais qu'il était déjà entré à Rome, et que ses étendards commençaient à branler sur les campagnes. Il vint, mais comme poussé par la force d'une pression extérieure à laquelle il ne pouvait résister, et bien assuré d'avance du sort qui l'attendait. C'est ce combat de l'âme du grand capitaine et du sage politique qu'Agrippa d'Aubigné a retracé en mettant dans la bouche de Charlotte de Laval tous les arguments employés par les amis et les frères de Coligny, pour l'entraîner dans le soulèvement des huguenots contre cette autorité royale livrée entre les mains de leurs ennemis.

Le mari et la femme étaient encore à Châtillon, entourés de leurs cinq enfants; une seconde fille, Renée, était venue compléter la joyeuse petite troupe qui enchantait d'ordinaire les yeux de

l'amiral lorsqu'il rentrait dans son château, heureux de retrouver la paix et l'affection de la
famille au sortir des trahisons de la cour ou de la
rude vie des camps. Mais personne n'était en joie
à Châtillon, sauf les enfants eux-mêmes. A ses
deux frères Gaspard et François de Châtillon,
Coligny et d'Andelot, comme les appelle l'histoire, était venu se joindre le cardinal Odet de
Châtillon, encore prélat de l'Église catholique,
mais déjà ardemment engagé dans la cause de la
Réforme. Les deux frères et quelques-uns de leurs
amis pressaient vivement l'amiral de monter à
cheval et de se rendre à Meaux, pour y prendre
avec le prince de Condé la tête et le commandement de l'effort suprême que préparaient les
réformés. Depuis deux jours, il leur résistait par
toutes sortes de raisons bonnes et sages qui les
avaient étonnés sans les convaincre, car l'amour
passionné du bien du royaume qui remplissait
l'âme de Coligny cédait, dans la plupart des âmes
ardentes d'alors, à l'amour d'une autre patrie, la
patrie religieuse, l'Église, qui n'était point d'ici-
bas, mais d'en haut, et qui réclamait à elle seule
tout le devoir de ses enfants. Il semblait qu'il n'y

eût presque plus espoir de l'émouvoir et les seigneurs venus à Châtillon dans l'intention de
l'entraîner se retiraient tristes et inquiets, car ils
connaissaient trop le prince de Condé pour
compter sur sa sagesse et sa prévoyance militaire
quel que pût être l'éclat de son courage. L'amiral
était rentré dans sa chambre. Charlotte de Laval
était déjà couchée, elle avait peu parlé à l'heure du
souper et s'était retirée auprès de ses enfants, laissant les hommes discourir librement. A quelques
paroles que dit l'amiral en se déshabillant, elle
comprit sans peine qu'il n'avait pas renoncé à ses
objections, elle ne répondit mot cependant, étant
fort accoutumée à tenir pour sages et mûrement
pesées devant Dieu toutes les résolutions de son
mari ; mais, lorsque les ténèbres enveloppèrent la
vaste chambre, Coligny qui ne dormait pas, encore
agité des assauts qu'il avait subis et des douloureuses prévisions qu'il avait lui-même soulevées,
entendit un léger sanglot auprès de lui, puis un
autre : c'était sa femme qui pleurait ! Elle ne
l'avait pas accoutumé à ces marques de faiblesse,
et, tout inquiet, il lui demanda ce qui lui faisait
ainsi verser des larmes ; alors elle s'écria d'une

voix qui lui parut tremblante d'émotion et de douleur :

« C'est à grand regret, monsieur, que je trouble
votre repos par mes inquiétudes. mais étant les
membres du Christ déchirés comme ils sont. et
nous faisant partie de ce corps. comment demeurer
insensible? Vous, monsieur, n'avez pas moins de
sentiment, mais vous avez plus de force pour le
cacher. Trouverez-vous mauvais que votre fidèle
moitié avec plus de franchise que de respect, verse
dans votre sein ses pleurs et ses pensées? Nous
sommes ici couchés dans les délices, et les corps
de nos frères, chair de notre chair, os de nos os,
sont les uns dans les cachots, les autres par les
champs, à la merci des chiens et des corbeaux. Ce
lit m'est un tombeau puisqu'ils n'ont pas de tombeau, ces linges où je couche me reprochent qu'ils
ne sont pas ensevelis. Je repasse dans mon esprit
les prudents discours par lesquels vous fermiez la
bouche à messieurs vos frères; leur voulez-vous
aussi arracher le cœur et les faire demeurer sans
courage comme sans réponse? Je tremble qu'une
telle prudence ne soit celle des enfants du siècle,
et qu'être si sage pour les hommes ne soit pas

être sage devant Dieu qui vous a donné la science de capitaine. Pouvez-vous en conscience en refuser l'usage à ses enfants? Vous m'avez avoué que cette conscience vous réveillait parfois; elle est la voix même de Dieu. Craignez-vous que Dieu vous tienne pour coupable en le suivant? L'épée de chevalier que vous portez est-elle pour opprimer les affligés ou pour les arracher des ongles des tyrans? Vous reconnaissez et confessez la justice des armes contre eux; votre cœur pourrait-il bien quitter l'amour du droit par le doute du succès? Monsieur, j'ai sur le cœur tant de sang versé des nôtres; ce sang et votre femme crient ensemble au ciel vers Dieu, dans ce lit où nous sommes couchés et contre vous qui serez meurtrier de ceux que vous n'empêcherez pas d'être massacrés. »

Un moment Coligny garda le silence, comme un homme étonné de se trouver ainsi attaqué par le courage de sa femme, moins prévoyante et moins sage que de coutume; mais se penchant vers elle, il sentit les larmes qui coulaient sur ses joues, et touché de douleur, pénétré d'un tendre respect, il repartit, non sans tristesse : « Puisque je n'ai rien profité par mes raisonnements de ce soir sur la vanité des soulèvements populaires, la douteuse entrée dans un parti non formé, puisque je n'ai pas réussi à vous faire comprendre les difficultés du commencement, non certes contre la monarchie, mais contre les possesseurs d'un État qui a des racines envieillies, avec une foule de gens intéressés au maniement des affaires, et cela dans un temps de paix générale nouvelle et dans sa première fleur, conclue tout exprès pour notre ruine, au moment de la défection nouvelle du roi de Navarre, avec l'hostilité avouée du connétable, tant de force du côté des ennemis, tant de faiblesse du nôtre, tout cela ne pouvant vous arrêter; mettez la main sur votre sein, sondez à bon escient votre conscience; demandez-vous si elle pourra digérer les déroutes générales, les opprobres de vos ennemis et ceux de vos partisans; les reproches que font ordinairement les peuples quand ils jugent les causes par les mauvais succès, les trahisons des vôtres. la fuite, l'exil en pays étranger : là les choquements des Anglais, les querelles des Allemands. votre honte, votre nudité, votre faim, et. ce qui est plus dur encore, celle

de vos enfants; tâtez encore si vous pouvez supporter votre mort par le bourreau, après avoir vu
votre mari traîné et exposé à l'ignominie du vul-
gaire, et, pour fin, vos enfants infâmes valets de
vos ennemis accrus par la guerre et triomphants
de tous vos labeurs : je vous donne trois semaines
pour vous éprouver; et quand vous serez à bon
escient fortifiée contre tels accidents, je m'en irai
périr avec vous et avec nos amis. "

Charlotte de Laval ne pleurait plus, elle s'était
redressée sur son séant, et son mari qui la connaissait bien croyait apercevoir dans l'obscurité
ses grands yeux brillants comme des escarboucles,
lorsqu'elle lui dit après quelques instants d'un
solennel silence :

« Les trois semaines sont achevées; vous ne
serez jamais vaincu par la vertu de vos ennemis;
usez de la vôtre et ne mettez pas sur votre tête
les morts de trois semaines; je vous somme au
nom de Dieu de ne nous frauder plus. ou je serai
témoin contre vous à son jugement! "

L'amiral avait posé la tête sur son oreiller :
« Ainsi soit fait, ma mye, puisque le voulez! »
dit-il, et il s'endormit. Le sort en était jeté. Le

lendemain matin, accompagné de ses frères étonnés et ravis, il partit pour Meaux où il allait rejoindre le prince de Condé, pendant que les triumvirs, comme on appelait l'alliance du connétable de Montmorency, du duc de Guise et du maréchal de Saint-André, allaient avec Antoine de Bourbon, roi de Navarre, querir à Melun la reine Catherine qui y avait emmené le petit roi. Comme cela devait se passer plus tard pendant la révolution d'Angleterre, les deux partis ennemis se couvraient du nom du roi. Les protestants prétendaient protéger la puissance et la majesté royales opprimées par les Guises; ceux-ci ramenèrent en triomphe Charles IX et sa mère à Paris, et deux jours plus tard elle prenait sa place dans leurs conseils pour arriver bientôt à déclarer solennellement qu'elle ne pouvait tolérer le culte public des réformés que leur accordaient les précédents édits. La guerre commença.

Les portes d'Orléans s'étaient ouvertes devant d'Andelot en un moment où il craignait être obligé d'appeler à ce siège le secours du prince de Condé, et cette importante place était devenue la forteresse des huguenots. Dès que l'amiral y fut

entré, il envoya chercher sa femme et ses enfants,
qu'il ne voulait pas laissés exposer aux hasards de
la guerre dans un château mal défendu, et il
chargea de ce soin le jeune marquis de Téligny,
élevé dans sa maison dès son enfance et si tendrement aimé et estimé par lui qu'il l'appelait
d'ordinaire « mon fils ». Téligny, tout fier et
heureux de cette confiance, se hâta de partir, avant
que les chemins fussent rendus impraticables par
les mouvements de troupes. Il arriva à Châtillon
où les enfants coururent tout d'abord au-devant
de lui.

« Apportez-vous des nouvelles de monseigneur
notre père? crièrent-ils. — Oui, repartit Téligny,
qui n'avait jamais pu prendre le goût des secrets,
bien qu'il eût déjà été employé par l'amiral dans
plusieurs missions diplomatiques, et je viens vous
chercher pour vous conduire auprès de lui à
Orléans! — A Orléans? quel bonheur! » Et ce
fut précédé de la troupe joyeuse qui répétait :
« Orléans! Orléans! » que Téligny se présenta
devant Charlotte de Laval. Elle pâlit au premier
abord en l'apercevant, frappée malgré elle de la
pensée que l'amiral avait sans doute reçu quelque

grave blessure dans un engagement fortuit, puisqu'il l'envoyait quérir par le plus fidèle de ses
lieutenants. Mais Téligny savait mieux que personne quel courage résidait dans l'âme héroïque
de la compagne de Coligny :

« C'est pour secourir ceux qui souffriront à
Orléans et non pour le soigner lui-même qui se
porte aussi bien de son corps que de son âme,
que l'amiral m'envoie vous quérir », dit le jeune
homme qui redoutait la résistance de Charlotte
de Laval à l'idée de laisser sa maison et ses gens
sans chef et sans direction à l'heure du danger, et
il ajouta : « Mme la princesse de Condé y sera aussi
bientôt sans doute, car la nouvelle est arrivée hier
à monseigneur, qu'en route pour son château de
Moret avec petite suite, elle a été insultée, poursuivie, menacée par des paysans catholiques qui
faisaient une procession, en sorte que, de la peur
qu'elle a eue, elle a été obligée de s'arrêter dans
le petit village de Gandelu sans avoir le temps de
gagner aucune de ses maisons, dont elle avait
deux à petite distance, avant de donner le jour à
deux princes qui se portent néanmoins assez bien,
a-t-on fait dire à monseigneur. »

Charlotte de Laval n'hésitait plus. Les ordres de son mari, les services qu'elle pouvait lui rendre à Orléans, la nécessité où se trouvait sa nièce l'emportaient sur l'isolement et les dangers de la maison laissée à Châtillon. Elle se leva de son siège, rassemblant ses enfants autour d'elle d'un geste tout maternel : « Faites préparer nos équipages, monsieur, je suis prête », dit-elle à Téligny qui avait pris sur lui de donner les instructions nécessaires au premier écuyer qu'il avait rencontré sur son chemin. Deux heures plus tard, Mme l'amirale, avec ses enfants et leur précepteur, deux de ses demoiselles et quelques femmes de chambre et valets, prenait le chemin de cette ville d'Orléans où elle devait tant souffrir.

A peine avait-on eu le loisir de se livrer à la joie du revoir mêlée à l'inquiétude d'un sort douteux que Téligny fut envoyé en mission auprès du duc de Savoie, tandis que d'autres émissaires des réformés étaient chargés d'expliquer à la reine Élisabeth d'Angleterre, comme aux chefs des cantons protestants en Suisse, quelle nécessité de se défendre avait forcé les réformés français de prendre les armes. Les enfants de l'amiral le virent partir avec regret, mais ils se trouvaient à Orléans en plus nombreuse compagnie qu'il ne leur était jamais arrivé dans leur vie solitaire et libre de Châtillon. Éléonore de Roye venait d'arriver pour retrouver son mari ; à peine en état de voyager, mais choisissant plutôt les périls et les fatigues de la chevauchée que la crainte constante d'être attaquée dans sa chambre, en un petit village sans défense, pour être emmenée prisonnière avec ses enfants. Elle avait amené avec elle son fils aîné, le petit marquis de Conty, plus âgé de quelques mois que Gaspard de Coligny, et qui se lia aussitôt de la plus tendre amitié avec son jeune cousin. Les autres enfants de la princesse de Condé en eussent volontiers fait autant avec leurs contemporains de la maison de Châtillon, mais le séjour d'Orléans paraissait trop dangereux à Éléonore de Roye, les chances de la guerre civile trop hasardeuses, et elle avait décidé de confier ses enfants à sa mère, la comtesse Madeleine, sœur de l'amiral, qui promettait de les emmener en Allemagne en passant par l'Alsace. Elle partit donc avec la petite mademoiselle de Bourbon et son frère François, âgé de sept ans, qui faisait déjà très bon ménage avec Louise de Coligny et ces deux jumeaux si petits encore et qui avaient déjà subi dans leur courte vie tant de traverses. Louise pleurait en voyant partir François de Bourbon et sa sœur, mais elle avait déjà commencé de s'attacher à une petite compagne aussi gaie et aussi animée qu'elle, Catherine de Parthenay, fille de M. de Soubise, l'ami de jeunesse et le fidèle compagnon d'armes de l'amiral. L'enfant était charmante et séduisante, et d'ailleurs un lien venait de se former entre les deux familles pour engager un avenir lointain et doux : Gaspard de Coligny fut fiancé à Catherine de Parthenay dans le premier mois du séjour des chefs réformés à Orléans, et les deux enfants semblaient comprendre toute l'importance du contrat qui les unissait, car la gravité ordinaire de Gaspard se déridait toujours au contact de la gaieté folâtre de la petite Catherine, tandis qu'elle, à son tour, paisiblement assise auprès de son fiancé, écoutait sans rire les graves projets, les sérieuses pensées qui remplissaient ce cerveau de neuf ans et qu'il confiait tout naturellement à sa petite compagne, comme devinant d'avance qu'elle était capable de les comprendre et de les partager. Qui sait si le souvenir d'enfance des pensées et courageuses rêveries du petit Gaspard de Coligny ne monta pas souvent au cœur de Catherine, devenue vicomtesse de Rohan, lorsqu'elle s'enferma dans la Rochelle assiégée par Louis XIII et le cardinal de Richelieu, et refusa jusqu'au bout d'être comprise dans la capitulation de cette dernière place forte des réformés?

Charlotte de Laval avait eu raison de penser que ses secours pourraient être utiles à ceux qui souffriraient dans la ville d'Orléans, car la peste ne tarda pas à éclater dans la place encombrée d'une population trop nombreuse. Les demoiselles de Mme l'amirale en furent informées par les femmes de service qui n'osaient pas communiquer à leur maîtresse les terreurs dont elles étaient saisies. Les demoiselles étaient dignes de Charlotte de Laval et d'une humeur plus gaie que la sienne. L'une d'elles surtout, Mlle de Séchelles, se prit à rire : « La peste! la peste! dit-elle, les peuples ont toujours ce mot à la bouche lorsque le vent d'effroi a passé sur eux et qu'ils ne savent de quel côté porter leurs craintes. J'irai moi-même ce jourd'huy visiter la pauvre femme que vous dites atteinte de la peste, Manon, et je parierais que je la trouverai malade de la fièvre quarte ou quelque autre mal qu'on fera passer avec des jus d'herbes! »

La compagne de Marie de Séchelles, Madeleine d'Ivoy, était debout auprès de la petite fenêtre qu'elle venait d'ouvrir malgré le brouillard qui s'élevait sur la rivière : « Ne parlez pas si follement, Marie, dit-elle à demi-voix; je ne sais si c'est la vapeur de cette brume, mais il me semble que je respire dans l'air quelque senteur étrange comme celle qui accompagne toujours l'invasion de la peste en un lieu, ai-je entendu dire à ceux qui s'étaient trouvés au milieu de la contagion! »

Marie de Séchelles pâlit, puis rougit : « Ce qui n'empêche que j'irai voir la pauvre malade après le dîner, à deux heures de relevée, dit-elle, et aussi n'ai-je point peur, étant assurée que celui qui habite dans la maison secrète du Souverain est logé à l'ombre du Tout-Puissant.

— Ce sont là paroles vraies, et notre seule assurance », repartit Mlle d'Ivoy, qui ferma soigneusement la fenêtre pour préparer silencieusement les sachets de parfum dont avaient coutume de se munir tous ceux qui visitaient les maisons attaquées par la peste. Charlotte de Laval surprit ses demoiselles qui suspendaient leurs premiers sachets au cou de ses enfants. Elle n'avait pas encore appris la fatale rumeur. Écoutant d'abord en silence, elle posa la main sur l'épaule de Gaspard qui faisait quelque résistance aux soins affectueux des demoiselles : « Je le désire, mon fils », dit-elle. L'enfant aussitôt céda et se penchant sur lui, elle l'embrassa entre les deux yeux : « Ce que Dieu garde est bien gardé ! » soupira-t-elle comme par un effort de sa foi contre la terreur qui l'assaillait malgré elle en présence de ces têtes si chères. Louise tendait aussi son petit visage pour quêter un baiser, puis Odet, François, Renée elle-même. « Je ne sais pourquoi je ne crains rien pour ceux-ci, quand le cœur me manque pour Gaspard », pensait l'amirale.

Quelques instants plus tard, prosternée dans son cabinet pour implorer la force et la paix au sein de cette grande épreuve d'une épidémie mortelle, Charlotte de Laval entendit ses enfants rire et jouer avec une grande compagnie qui venait d'arriver au logis, le petit marquis de Conty, les enfants de d'Andelot, ceux de M. de Soubise,

et au-dessus de tous les éclats de voix des enfants
et de leurs cris joyeux, le chant grave d'un psaume
que les femmes de service avaient entonné dans
leur chambre de travail, pour se réconforter en
leurs terreurs :

> Au fort de ma détresse,
> Dans mes profonds ennuis,
> A Dieu seul je m'adresse
> Et les jours et les nuits....

Elle se sentit aussitôt fortifiée et vaillante plus
qu'elle n'avait accoutumé depuis le jour où, portée
tout à coup par un élan de foi et de zèle, elle
avait adjuré monsieur son mari de prendre les
armes pour la défense des pauvres Églises. « Et ne
craindrai plus chose qui me puisse advenir ici-bas,
pensa-t-elle, jusqu'aux plus extrêmes calamités, —
elle frissonnait tout en parlant, et sa main se cris-
pait au dossier de son prie-Dieu, — notre dépôt
est en sûreté auprès du Dieu tout-puissant. »

On appelait au même moment Mme l'ami-
rale, car le petit Gaspard venait de se trouver mal,
il était tombé de sa chaise sur le pavé de la salle
où s'ébattaient tous les enfants; il se serait blessé.
car un éblouissement subit avait passé devant ses

yeux. si Catherine de Parthenay ne s'était pas trouvée à côté de lui pour le soutenir dans ses faibles bras. Elle était assise à présent par terre, sa tête sur les genoux et le baisant doucement au front pour le ranimer. En le voyant pâle et défait, mais souriant à sa petite garde-malade, le cœur de la mère se serra. « Pas celui-là ! Seigneur ! » disait-elle à Dieu, mais elle s'avança d'un pas ferme, soulevant l'enfant dans ses bras. D'un geste involontairement brusque elle écarta le justaucorps de Gaspard, portant la main aux parties du corps ordinairement envahies par le bouton mortel de la peste. La petite aisselle, le haut de la cuisse étaient blancs comme le marbre. « Ce n'est pas la peste, madame ma mère ? » demanda l'enfant qui regardait Charlotte de Laval dans les yeux, d'un regard singulièrement ferme. La mère balbutiait en répondant : « Je ne crois pas, mon fils. »

Elle l'emporta elle-même sans dire un mot de plus ; une fièvre ardente se déclara, mais sans aucun des symptômes de la contagion fatale. Dans une autre chambre, à un autre étage, Mlle de Séchelles, victime de son imprudente et charitable visite chez la pauvre pestiférée, était en proie à la maladie sous une forme assez douce qui permettait de la soigner à la maison et non dans l'espèce de lazaret que Mme la princesse et Mme l'amirale avaient fait construire à la hâte avec des planches dans un des faubourgs éloignés de la ville, sur une grande place bien aérée, et d'après les avis qu'Ambroise Paré avait naguère donnés à Renée de Ferrare lors d'une invasion de la peste dans sa ville ducale. Charlotte de Laval était absorbée par les soins qu'elle donnait à son fils, auquel elle n'aurait d'ailleurs pas voulu rapporter le moindre germe d'infection, en sorte que Mme la princesse soignait elle-même Mlle de Séchelles en compagnie d'une de ses filles d'honneur, Mlle des Fossez, qui avait succombé aussi à la contagion. Lorsque le service du lazaret appelait la princesse de Condé, quelqu'une de ses demoiselles ou des femmes de service restaient sans crainte auprès des malades. L'austère conviction des familles huguenotes qui entouraient les chefs réformés nourrissait des âmes fortes, et nul serviteur de la maison des princes n'avait songé à prendre la fuite comme il était fréquent de le voir en cas de peste. Le chant des Psaumes retentissait du matin au soir auprès du lit des malades, et il fallait tout le respect

qu'inspirait Éléonore de Roye pour faire comprendre à ses femmes que la prière silencieuse convenait
mieux au chevet des pestiférés que la psalmodie
sacrée elle-même. Le délire ne quittait pas Mlle de
Séchelles.

Au contraire, dans la chambre du petit Gaspard
on n'entendait que le léger murmure d'une voix
douce échangeant des paroles de consolation et de
tendresse avec ceux qui le soignaient. Dès le premier moment. l'enfant avait semblé comprendre
l'appel d'en haut. et il ne résistait pas à la volonté
divine, il ne luttait pas, il acceptait la mort comme
il eût aimé la vie, parce qu'elle lui venait directement du Dieu tout-puissant auquel il avait tout
enfant donné son cœur. Le père était là sans
cesse, épiant le moindre symptôme favorable,
interrogeant du regard celle qui ne quittait le
malade ni jour ni nuit, mais qui ne pouvait lui
offrir aucune consolation. Elle sentait d'heure en
heure son trésor qui lui échappait comme l'eau
s'écoule entre les doigts qui cherchent en vain à le
retenir. « Il s'en va ». murmura-t-elle le quinzième
jour au soir comme l'amiral navré rentrait pour la
vingtième fois dans la chambre : Gaspard semblait

sommeiller, mais il avait entendu, il souleva sa tête affaiblie : « Je vais devant, dit-il doucement et nettement, et vous attendrai auprès du Sauveur Jésus. Vous viendrez bientôt, n'est-il pas vrai, madame ? » ajouta-t-il en fixant ses regards sur l'amirale avec une certitude tendre qui glaça le sang dans les veines de Coligny. Pour la première fois, il remarquait la taille affaissée et les traits amaigris de sa femme, qui n'avait point quitté le chevet de l'enfant depuis qu'il était malade. Elle se pencha sur lui, disant d'une voix si basse que le mourant l'entendit seul : « Je l'espère! » « Je vous aime! je vous aime! » répétait l'enfant expirant; puis, tout à coup, avec un redoublement de force, et comme un cri de joie : « J'aime le Seigneur Dieu! » Il retomba sur ses oreillers et ne parla plus.

Il respirait cependant encore, et ses yeux à demi ouverts semblaient contempler la vision bienheureuse, invisible aux regards mortels. Son père et sa mère le regardaient en silence, engagé dans cette vallée de l'ombre de la mort où leur tendresse ne pouvait le suivre.

« Le Maître est céans et il l'appelle! » murmura Charlotte de Laval à son mari sur lequel elle s'appuyait. « Se levant aussitôt, il s'en va vers Jésus! » continua Coligny, les yeux baignés de larmes amères, car il savait trop que l'éternelle puissance ne lui rendrait pas son mort dans les quatre jours comme Marie avait retrouvé le sien. Au même instant l'enfant se soulevait sur ses oreillers, tendant les mains en avant comme à un ami qui venait au-devant de lui, puis, soupirant doucement, il s'affaissa sur lui-même. Il était mort.

La mère ne pleurait pas, elle ferma les beaux yeux encore ouverts d'un tendre baiser, et s'age- nouillant à côté du lit, elle resta si longtemps en prières que l'amiral finit par se relever pour aller appeler sa nièce, la princesse de Condé, toute fière du succès de ses soins, car ses deux malades avaient presque complètement recouvré la santé. Elle arriva bientôt tout inondée de larmes, tenant par la main le petit marquis de Conty, qui se jeta au cou de sa tante en pleurant et détournant la tête comme s'il était effrayé de contempler ce qui restait de Gaspard de Coligny, cette enveloppe mor- telle souriante encore, et déjà parée cependant de la beauté surhumaine qui ne couronne qu'une fois les enfants des hommes. Enfin, prenant son grand

courage, il s'approcha du chevet et baisa doucement
la joue glacée, puis se retournant vers Charlotte de
Laval : « Comme il est beau et comme il a l'air
vieux! dit-il à demi-voix. C'est sans doute parce
qu'il voit Dieu! » Charlotte de Laval prit l'enfant
dans ses bras et le serra contre son cœur en silence.
C'était pour elle la consolation suprême de sentir
que son fils bien-aimé possédait sans partage les
biens éternels!

Tous les enfants étaient assemblés derrière la
porte, qui attendaient la permission d'entrer. Louise
de Coligny tenait la main de Catherine de Parthenay et elle ne put s'empêcher de jeter un regard
d'étonnement sur le cousin qui les avait devancées
auprès de ce lit de mort qui semblait leur appartenir en propre. Les petites filles tenaient chacune
une branche de lis : « Je n'ai pas trouvé de palme
dans le jardin de céans », dit Catherine à Mme l'amirale du ton de l'excuse, comme si le petit martyr
qui venait d'expirer doucement était privé du signe
d'honneur qu'il méritait. Elles déposèrent toutes
deux leurs fleurs royales sur le petit lit de Gaspard aussi blanc et aussi pur qu'elles. L'amiral fit
signe qu'on s'agenouillât, puis, étendant les mains

au-dessus de toutes les têtes inclinées, il balbutia les premières paroles d'une bénédiction paternelle qu'il ne put achever. Charlotte de Laval, à genoux comme les enfants, termina la pieuse formule : « Que Dieu vous ait tous en sa sainte garde ! » Elle se releva ensuite, et, faisant sortir les enfants en larmes, elle referma sur eux la porte pour rester seule avec son mort.

Lorsqu'elle quitta cette chambre, il n'était plus là, l'enfant bien-aimé, objet de l'orgueil secret et de la tendresse passionnée de ses parents qui avaient toujours eu ce sentiment qu'un être si parfait était plus digne du ciel que de la terre, et que Dieu pourrait bien le reprendre pour le mettre en la compagnie de ses anges. Sur sa tombe fraîchement fermée une main inconnue avait écrit ces lignes :

> Gaspard de Coligny, à l'âge de neuf ans,
> Pour suivre Dieu laissa le monde et ses parents ;
> Fils aîné de Gaspard amiral, l'espérance
> Du père et de la mère, astres clairs de la France.
> Par lesquels le chemin des cieux il entendit,
> Et soudain au Seigneur les bras faibles tendit.
> La fièvre sans cesser quinze jours le promène.
> Le seizième jour Christ en sa gloire le mène,
> Ayant fait de sa foi haute confession,
> Par mort à vie alla, de grande affection.

La première fois que Mme l'amirale vit ces vers

rudement inscrits au charbon sur la croix de bois
qui marquait le lieu du repos, elle éclata en larmes
et en sanglots comme elle n’avait pas fait au lit de
mort de son fils. « L’espérance du père et de la mère !
ils ont bien dit ceux qui ont écrit ces paroles. »
Et elle cherchait en vain à qui les attribuer. « Si
Téligny était céans, disait l’amiral. je penserais que
c’est lui ! » Sa femme leva sur lui ses yeux gonflés
de larmes : « Vous attribuez toujours tout ce qu’il
y a de bon à Téligny ! » dit-elle, je m’étonne
que vous ne l’ayez encore accordé avec Louise
comme vous aviez fait... Elle ne put aller plus loin.

— J’y ai pensé, repartit Coligny de cet accent
mesuré et réfléchi qui inspirait involontairement
confiance à ceux qui l’écoutaient, et je désire plus
que chose au monde qu’il devienne en réalité mon
fils comme il l’est déjà par l’affection, mais Téligny
est un homme et non un enfant. Je me trompe
bien d’ailleurs si votre fille, et il souriait presque
en regardant sa femme. n’est pas en train de
devenir une personne qui saura ce qu’elle voudra
comme madame sa mère et qu’il sera bon de
consulter en pareille affaire. Que Dieu veuille
donc y avoir part ! comme disaient nos pères. »

CHAPITRE III

A ORLÉANS

Devant ce tombeau nouveau, l'amiral et sa
femme allaient se séparer, car il sortait de la ville
pour occuper le camp qui devait protéger Orléans
contre les attaques des Guises. Les enfants étaient
réunis là autour de leurs parents, « pour dire
adieu à Gaspard », comme ils disaient entre eux,
avant de prendre le chemin de Châtillon, où ils se
rendaient sous la conduite du bon Lagresle et
d'un capitaine François, officier de l'amiral. Les
mères trouvaient le séjour d'Orléans trop dangereux et la contagion trop puissante, et on avait
décidé que les enfants de Coligny et ceux de
d'Andelot, avec la petite Catherine de Parthenay
et le marquis de Conty, se réfugieraient dans le
vieux château aux larges avenues, aux grandes

salles, où l'air pur et frais de la plaine se jouait de tous les côtés avec un souffle vivifiant. Éléonore de Roye embrassait son fils, et Charlotte de Laval serrait dans ses bras son troupeau sans chef. La fille aînée de M. d'Andelot paraissait sombre et abattue, mais ses tantes l'avaient toujours vue de ce naturel et personne ne s'étonnait ni ne s'inquiétait : « Anne est de plus méchante humeur que de coutume », disaient entre eux les enfants en défilant par la poterne de la ville près de laquelle se tenaient les deux dames qu'ils saluaient en passant d'une courbette de leurs coursiers. Odet et Renée étaient seuls encore dans les bras de leurs nourrices. Quinze jours plus tard, Anne de Châtillon mourait de la peste dont elle avait apporté le germe d'Orléans, et le capitaine François ramenait tristement la petite bande ainsi diminuée dans la ville assiégée. « S'il faut mourir ou les voir mourir, que ce soit ensemble », dit-il gravement à Mme l'amirale et à la princesse de Condé. Toutes deux pensaient comme lui. La douleur était assez amère d'être constamment séparées des maris.

Dans sa tente où il se trouvait bien seul, en face de sa grande épreuve, l'amiral écrivait souvent à sa femme pour la réconforter par les paroles saintes qu'il se répétait à lui-même pour reprendre courage :

« Encore que tu aies raison de supporter avec douleur la perte de notre fils bien-aimé, lui disait-il en l'une de ces épîtres, si pourtant suis-je obligé de te rappeler qu'il était à Dieu plus qu'à nous, et puisqu'il a voulu le retirer à Lui, c'est à toi et à moi d'obéir à sa sainte volonté. Il est vrai qu'il était déjà amateur du bien, et que nous pouvions espérer grande satisfaction d'un fils si bien né ; mais remémore-toi, ma bien-aimée, qu'on ne peut vivre sans offenser Dieu et qu'il est bien heureux d'être mort dans un âge où il était encore exempt de crime. Enfin Dieu l'a voulu, je lui offre encore les autres, si c'est son vouloir : fais-en de même si tu veux qu'il te bénisse, car c'est en Lui que nous devons mettre tout espoir. Adieu, ma bien-aimée, j'espère te voir dans peu, ce qui sera toute ma joie. »

En recevant cette lettre qui lui fut apportée par un des officiers de l'amiral, Charlotte de Laval eut peine à se contenir jusqu'à ce qu'elle fût seule ; puis, tombant à genoux avec des torrents de larmes qui coulaient plus aisément qu'autrefois, elle conjura Dieu de lui donner la force de lui offrir tous ses enfants ainsi que faisait l'amiral, et se relevant aussitôt encore baignée de pleurs, elle courut dans la chambre où ils jouaient pour s'assurer qu'ils étaient bien tous là, et que Dieu n'avait pas sur-le-champ pris au mot son sacrifice maternel. Louise la serrait dans ses petits bras, comme si elle voulait lui demander compte de ses larmes. La mère l'embrassa avec cette passion d'un cœur qui souffre compris par un autre cœur, mais ses paroles étaient aussi graves et mesurées que de coutume : « Dieu vous garde ma fille! » dit-elle, et elle sortit pour conduire aux remparts la troupe de ses femmes qui travaillaient à porter de la terre pour réparer les fortifications. Les bourgeoises les plus riches d'Orléans étaient là, pliant sous la hotte comme les autres, mais l'œil expérimenté de Mme l'amirale aperçut bientôt des vides : « Malade! » répondait-on à ses questions ou bien : « Son mari malade, son fils mort ce matin! » Charlotte de Laval soupirait et ne tardait guère à prendre le chemin du logis frappé. Presque toujours, elle s'y trouvait

devancée ou rejointe par Mme la princesse de
Condé.

L'inquiétude croissait dans Orléans en même
temps que la contagion; les villes de Bourges et
de Rouen qui tenaient pour les réformés venaient
de succomber, bien que la reine Élisabeth eût
envoyé des troupes anglaises pour défendre cette
dernière place. A ce siège où il combattait en tête
des catholiques, le roi de Navarre reçut une blessure dont il devait mourir peu de temps après,
appelant en vain auprès de lui sa femme, Jeanne
d'Albret, qui n'eut pas le temps d'arriver auprès
de son lit de mort.

« On écrit à M. l'amiral qu'en mourant le roi
de Navarre a manifesté grande repentence et qu'il
a dit que si Dieu lui faisait la grâce de guérir, il
ferait prêcher l'Évangile seul par tout le royaume »,
raconta Charlotte de Laval à sa nièce qui secoua
la tête : « S'il eût guéri, ses bons desseins l'eussent bientôt quitté! » et elle ajouta en baissant la
voix et toute rougissante : « Savez-vous s'il s'est
aussi remis en mémoire les mauvais traitements
qu'il fit à madame ma sœur? » demanda-t-elle,
comme une femme qui avait également, pour sa

part, éprouvé l'inconstance de la maison de Bourbon. Mme l'amirale n'avait point connu cette suprême douleur, et elle en était plus irritée qu'affligée : « Je pense qu'il a fait pénitence, mais il eût bientôt recommencé ses mauvais déportements à la cour », répondit-elle. Éléonore de Roye se félicitait tout bas du siège qui retenait son mari auprès d'elle.

Sa joie ne devait pas être de longue durée; à peine Condé était-il remis d'une assez violente maladie aggravée par le mauvais état sanitaire de la ville d'Orléans, qu'il résolut, sur l'avis de l'amiral, de s'avancer en Normandie afin d'y rallier les renforts anglais et de recevoir de leurs mains l'argent qui devait solder les contingents allemands. Les Suisses et les Espagnols avec bon nombre de reîtres faisaient partie de l'armée catholique lorsqu'elle rencontra les réformés à Dreux. Le combat fut vif et la victoire sembla un moment pencher du côté des protestants; un courrier en apporta la nouvelle à Catherine de Médicis : « Eh bien! dit-elle sans trouble, nous prierons Dieu en français. » Mais bientôt arriva l'avis de la capture du connétable de Montmorency par les protestants, de Condé par les catholiques, et enfin l'assurance que l'amiral se retirait avec ses troupes vers la Normandie et que le duc de Guise restait maître du champ de bataille. Dans l'esprit de Catherine le latin reprit aussitôt le dessus.

Rien ne retenait plus les catholiques qui marchèrent sur Orléans pour en former le siège. Jusqu'alors les avenues de la ville étaient restées libres, et l'abondance y régnait, mais les choses n'allaient plus ainsi, et l'amirale, secondée par la princesse de Condé, s'occupait activement d'amasser des vivres pour la garnison comme pour la population. D'Andelot, revenu malade des longs voyages qu'il avait faits en Alsace, en Allemagne, dans les cantons protestants de la Confédération suisse afin d'obtenir des renforts pour l'armée réformée, était miné par la fièvre et parfois accablé par le lourd fardeau des préparatifs de la défense ; mais son activité et son courage suppléaient à tout : des partis de fourrageurs couraient la campagne pour ramasser des provisions lorsque les cavaliers en rentrant, le 4 février 1563, annoncèrent que les troupes du duc de Guise les suivaient de si près qu'ils avaient dû faire force de

jambes pour échapper aux éclaireurs. Le 5, les
tourelles avancées de la place étaient en son pouvoir, les forces de d'Andelot ne lui ayant pas
permis de défendre les approches, et, le 6, le duc
écrivait à la reine mère « qu'il la priait de ne pas
trouver mauvais s'il tuait tout dans Orléans, jusqu'aux chiens et aux rats, et s'il faisait détruire la
ville jusqu'à y semer du sel. »

On négociait cependant, car le duc était trop
bon général pour ne pas savoir qu'une ville
comme Orléans, fortifiée par Coligny et défendue
par d'Andelot, serait un morceau difficile à avaler.
La duchesse de Guise, Anne d'Este, était venue
s'établir dans un château voisin afin de faire usage
des intelligences qu'elle possédait dans la place.
Le 18 février, le duc voulut aller la visiter et il traversait un carrefour où se croisaient plusieurs
routes, étant suivi de loin par une faible escorte,
lorsqu'il fut blessé à l'épaule droite, presque sous
le bras, d'un coup de pistolet tiré à quelques pas.
Il tomba sur le cou de son cheval, sans pouvoir
tirer son épée. « On me gardait ce coup-là depuis
longtemps, dit-il, et je le mérite pour m'être si
mal gardé. » Six jours plus tard, il expirait, au faîte

de sa fortune, et lorsque sa mort privait de chef
son parti déjà dépouillé du connétable de Montmorency prisonnier, et du maréchal de Saint-
André, tué à la bataille de Dreux. Les négociations recommencèrent et la paix d'Amboise fut
conclue, accordant aux réformés une liberté rela-
tive pour leur culte, sauf dans le ressort de Paris.
Les Guises cependant persistaient dans leur animosité contre l'amiral qu'ils accusaient d'avoir été
le véritable instigateur du meurtre de François de
Guise, que Poltrot de Méré avait déjà expié dans
les plus affreux supplices. Coligny niait absolu-
ment toute participation à ce forfait, tout en
avouant franchement la vivacité de son inimitié
contre les Guises :

« Le feu duc, dit-il, était l'homme de toute
l'armée que j'avais le plus cherché le jour de la
dernière bataille; si j'eusse pu braquer un canon
contre lui pour le tuer, je l'eusse fait; j'aurais com-
mandé à dix mille arquebusiers, si je les avais eus
à mon commandement, de tirer sur lui, entre tous
les autres, fût-ce en campagne, par-dessus une
muraille ou derrière une haie. Bref, je n'aurais
épargné aucun moyen de ceux que le droit des

armes permet, en temps d'hostilité, pour se
défaire d'un si grand ennemi que celui-là était
pour moi et pour tant d'autres bons sujets du roi.
Mais l'homicide n'est point du tout mon fait, à
faire ou faire faire, ni approuver en aucune
manière. »

La réconciliation apparente qui finit par s'opé-
rer, avec « quelles embrassades! » ne devait pas
empêcher longtemps une série de petites infractions à la paix d'Amboise, de modifications et de
restrictions imposées aux privilèges des protestants,
qui amena bientôt une nouvelle explosion guerrière. Le prince de Condé avait perdu depuis deux
ans sa femme, Éléonore de Roye, aussi fidèle que
courageuse et pieuse, se reprenant toujours à
l'espérance pour le salut de l'âme de son mari
comme pour sa bonne vie ici-bas. La reine Catherine l'avait attiré à la cour, sur le conseil semi-
plaisant semi-sérieux du cardinal de Lorraine.

« Il me semble, avait-il écrit à sa belle-sœur,
veuve de François de Guise, que la reine devrait
faire venir le prince à la cour, elle le divertirait de
beaucoup d'entreprises; l'amiral est au château de
Vallery sous couleur de le consoler, la reine en

rira, mais d'Andelot va et vient; on ne sait ce qu'il a en la tête, mais ce ne peut être que méchanceté. Si Dieu voulait mettre au Paradis quelques personnes, nous ferions certes bonne chère, mais c'est grand'pitié qu'ils fassent tant de maux. »

Condé s'était laissé longtemps endormir à la cour par ces distractions et ces plaisirs qui naissaient d'eux-mêmes autour de la reine mère, mais il commençait à se réveiller de son coupable sommeil, d'autant mieux qu'il venait de se remarier avec Mlle d'Orléans-Longueville, fille du marquis de Rothelin; il reprit en même temps le souci de ses devoirs comme protecteur des réformés; d'Andelot, veuf comme lui et depuis plus longtemps, avait également contracté une seconde union avec Anne de Salm, veuve de M. d'Haussonville. Le château de Châtillon était rempli par les enfants des deux frères; Mme l'amirale ayant mis au monde son dernier fils, Charles, en 1564, elle était malade et depuis lors si souvent retenue en sa chambre qu'il arrivait, lorsque Coligny se trouvait à Châtillon, que sa fille, la petite Louise, lui fut surtout en compagnie. Elle grandissait et se développait chaque jour. Sa mère jouissait d'autant plus vivement de ces progrès de l'enfant chérie que, sans en parler à personne, elle sentait sa santé profondément atteinte et doutait de pouvoir longtemps résister au mal qui la minait. « J'habite en une maison branlante que le moindre coup de vent peut jeter à terre », avait-elle dit un jour à la vieille duchesse de Ferrare ; celle-ci savait par expérience que les logis branlants durent parfois longtemps et elle avait voulu rassurer son amie, mais celle-ci n'avait besoin d'appui ni de consolation pour sa propre âme :

« Je ne me soucie que de M. l'amiral et de nos enfants, dit-elle, et si la volonté de Dieu était de nous faire périr tous ensemble dans une de ces tempêtes qui menacent sans cesse ceux de la religion, je serais trop heureuse de porter nos tentes de l'autre côté du voile. »

Renée de France regardait son amie avec un étonnement sans mélange. Agée et faible, abreuvée toute sa vie de contradictions et de douleurs, belle-mère du duc François de Guise, grand'mère du duc Henri qu'elle voyait marcher sur les traces de son père pour la persécution de l'Église de Dieu, elle tenait à la vie et à la terre par des liens qu'elle sentait encore si puissants que la grâce de Dieu pouvait seule les rompre.

« Vous êtes bien heureuse d'être ainsi détachée, dit-elle à Charlotte de Laval qui appuyait languissamment sa tête sur la main comme personne mortellement lassée.

— C'est mon fils qui m'attire! » repartit l'amirale dont les joues se teignirent tout à coup d'une vive rougeur.

La duchesse de Ferrare sentit ses yeux se mouiller de larmes en présence de cette inconsolable douleur. « Dieu m'a laissé tous mes enfants », murmura-t-elle.

« En eussiez-vous perdu dix, pensait Mme l'amirale, pas un d'eux ne pouvait ressembler à mon Gaspard. »

La cour revenait de Bayonne avec le roi et la reine qui avaient eu une entrevue avec le duc d'Albe; dans les conversations qui avaient eu lieu entre ces illustres personnages, la destruction des hérétiques par tout le royaume de France avait été décidée. On devait commencer par les chefs : « Prenez le gros poisson, dit le duc d'Albe, et laissez aller le fretin, mieux vaut un saumon que

mille grenouilles. » Le projet avait été de porter le
grand coup à Moulins où la reine s'arrêta au retour,
mais la difficulté de trouver un prétexte pour les
réunir tous en ce lieu fit reculer l'exécution. Le
jeune prince d'Orange, Guillaume de Nassau,
initié par erreur au grand dessein en sa qualité de
prince catholique, emporta dans son cœur en rentrant dans les Provinces la conviction funeste d'un
effort suprême contre la religion réformée, qu'il
devait plus que tout autre contribuer à frustrer du
succès définitif, et ce fut le silence dans lequel il
ensevelit longtemps le fatal secret qui lui valut le
titre de Taciturne sous lequel il est connu dans
l'histoire.

Avec un juste sentiment de leur importance rela-
tive pour la direction du parti réformé, le prince
de Condé comprenait que l'existence de son oncle
l'amiral était plus menacée que la sienne : « Je veille
sur mon oncle la nuit et le jour, disait-il, car je ne
saurais me persuader qu'on ne lui veut donner un
coup de pistolet, ce qui serait la ruine de nos Églises. » L'amiral lui-même se savait entouré d'assassins secrets, mais il riait en disant : « Celui qui
m'attaquerait, je lui ferais plus belle peur qu'il ne

saurait me faire à moi-même. » Son conseil allait toujours à ne pas entreprendre la guerre, mais l'ardeur passionnée et le mécontement croissant des théologiens comme des gentilshommes groupés autour du prince de Condé, l'emportèrent encore une fois sur les conseils de la prudence. Le 10 novembre 1567, à la bataille de Saint-Denis, le vieux connétable de Montmorency fut tué et la victoire assurée aux protestants. Charlotte de Laval avait rejoint son mari à Montereau avec la jeune princesse de Condé, mais toutes deux furent bientôt ramenées à Orléans, toujours destinée à devenir la ville forte des protestants et qui ne tarda pas à se remplir des blessés de tous les combats qui se succédaient sans relâche. Le duc Jean-Casimir, fils de l'électeur palatin, avait amené un corps considérable de reitres, mais ceux-ci, une fois entrés en Lorraine, déclarèrent qu'ils ne voulaient pas aller plus loin qu'ils ne fussent payés de leur solde. Dès longtemps la bourse de Condé et celle de Coligny étaient vides. Charlotte de Laval avait grand'peine à recueillir de quoi suffire aux dépenses de sa maison.

« Il fallut bien faire de nécessité vertu, écrit en

ses Mémoires La Noue Bras-de-fer, l'un des plus braves capitaines de l'armée réformée, tant M. le Prince que M. l'amiral déployèrent tout leur art, crédit et éloquence pour persuader à chacun de se départir de ce qui pouvait lui rester pour compléter cette contribution si nécessaire; eux-mêmes donnèrent l'exemple, en livrant toute leur vaisselle d'argent. Enfin cette libéralité fut si générale, allant même jusqu'aux plus pauvres soldats, que le tout ramassé on trouva tant en argent monnayé qu'en vaisselle et en chaînes d'or 80 000 livres qui vinrent bien à point pour apaiser les reîtres. Et n'était-il pas étonnant de voir une armée, point payée elle-même, se dépouiller de ses petites commodités pour en accommoder d'autres qui, par aventure, ne leur en savaient guère de gré? »

Coligny ramena sur Chartres l'armée nouvelle qu'il venait de reformer avec les contingents étrangers, et la ville, serrée de près, semblait sur le point de se rendre lorsque l'amiral apprit que Condé et quelques autres chefs des réformés, encore une fois circonvenus par l'habileté de la reine mère, venaient de signer à Longjumeau une paix funeste qu'on qualifia aussitôt de paix forcée, paix honteuse, paix mal assise, et qui ne satisfaisait aucun de ceux qui combattaient avec désintéressement pour la cause de la religion et de la liberté. « Les seigneurs étaient pressés de revoir leurs maisons », dit La Noue. Ils n'y devaient pas séjourner longtemps.

La paix de Longjumeau n'eût peut-être pas été conclue le 23 mars 1566 si l'amiral de Coligny n'avait été plongé à ce moment même dans la plus amère douleur. La peste ne régnait plus dans Orléans comme elle avait fait lors du précédent siège, mais le typhus y était entré avec les blessés et n'avait pas tardé à se répandre parmi la population. Mme l'amirale n'avait plus écouté ses forces défaillantes, la langueur de sa maladie; nuit et jour elle se multipliait auprès du chevet des blessés et des mourants, leur prodiguant les ressources que lui faisait parvenir la duchesse de Ferrare avec une inépuisable générosité. Mais en même temps qu'elle contribuait à guérir les malades, en leurs corps ou en leurs âmes, elle épuisait goutte à goutte tout ce qui lui restait de vie et de force. La petite Louise le voyait bien et, tout enfant qu'elle était, elle prévint plusieurs fois l'amiral que « madame

ma mère était souvent plus endolorie de son mal
que ceux qu'elle soignait couchés en leurs lits,
mais qu'elle n'en voulait rien dire à personne ni
se reposer en façon que ce fût, toute la ville ayant
coutume de la venir querir et s'adresser à elle en la
moindre nécessité ». Enfin un jour, au camp devant
Chartres, Coligny reçut la lettre suivante, écrite
avec un effort de courage et de patientes reprises
que ne devinait même pas sa vieille tendresse con-
jugale. Charlotte de Laval était enfin dans son lit,
malade elle-même du typhus et mesurant avec
calme l'importance des symptômes qu'elle avait si
bien appris à connaître :

« Je m'estime bien malheureuse de mourir sans
vous avoir revu, mon cher seigneur, vous ayant
toujours aimé plus que moi-même, et vous, ayant
pu m'aider mieux que tout autre à franchir ce dernier passage. Néanmoins je me console, sachant
quel devoir vous retient loin de moi, et je vous
conjure, pour moi-même que vous avez toujours
aimée, et au nom de nos enfants que je vous laisse
comme gage de mon amour, de combattre jusqu'à
la dernière extrémité pour le service de Dieu et
l'avancement de la religion : je vous sais un grand

fond de tendresse pour le roi qui vous rend fort retenu quand il s'agit de prendre les armes ; mais je vous prie de vous souvenir que Dieu est pourtant votre premier maître et que vous êtes obligé de le servir de préférence à tout autre, ce qui n'empêche point après cela que vous fassiez tout ce que votre cœur pourra vous dicter. Voilà ce que je vous recommande particulièrement, et ensuite je vous conjure que vous éleviez nos enfants dans la pureté de la religion, afin que, le jour où vous viendriez à manquer, ils puissent prendre votre place, ainsi que l'aurait assurément fait notre bien-aimé fils Gaspard que je m'en vais retrouver auprès de Dieu notre Sauveur. Comme vous leur êtes encore nécessaire en leur petit âge, je vous prie de ne vous exposer qu'autant que les circonstances l'exigeront. Prenez garde cependant à la maison de Guise ; je ne sais si je vous dois dire la même chose de la reine mère, étant défendu de mal juger de son prochain ; mais les marques qu'elle a données de son ambition ont été si nombreuses qu'un peu de défiance est bien pardonnable, et, quoi qu'elle en dise, mon bien-aimé seigneur, elle n'a point pour vous d'affection. Je prie Dieu, comme je l'ai fait depuis plus de vingt ans du meilleur de mon cœur, qu'il vous ait en sa sainte et digne garde. »

Cette lettre étant apportée au camp devant Chartres par un coureur de Mme l'amirale, fut remise entre les mains de M. de Téligny, les gens de la maison de Châtillon ayant recommandé qu'elle ne fût pas directement apportée à Coligny, vu les mauvaises nouvelles qu'elle contenait. Le jeune homme voulut parler lui-même au coureur qui dit que Mme l'amirale n'avait quasi plus que le souffle, mais tout son esprit et son courage comme de coutume, et qu'elle avait fait venir auprès d'elle tous ses serviteurs par bandes de cinq ou de dix pour les exhorter à servir fidèlement Dieu d'abord et ensuite M. l'amiral, et qu'elle leur avait demandé pardon d'avoir parfois négligé de leur remémorer leurs devoirs. Le valet pleurait, ayant été d'enfance élevé dans la maison de Châtillon et instruit plus d'une fois par Mme l'amirale avec la bonté d'une mère. Téligny retenait avec peine ses larmes lorsqu'il entra dans la tente de l'amiral.

« Qu'avez-vous, mon fils, qu'as-tu, Téligny ? » s'écria l'amiral en levant les yeux sur la physionomie bouleversée que son jeune ami ne faisait

pas effort pour composer, jugeant qu'elle serait
une préparation à la lettre qu'il tenait entre ses
mains.

« Les nouvelles d'Orléans ne sont pas bonnes,
mon père, j'appréhende ce que peut vous dire cette
lettre de Mme l'amirale », et il la lui tendit.

L'écriture était altérée, et cependant la pauvre
malade n'avait écrit que deux ou trois mots à la
fois afin de laisser reposer sa main tremblante.
D'un regard, Coligny dévora les deux pages, puis
se redressant comme un héros qui a reçu un coup
mortel : « Mes chevaux! » dit-il.

Téligny le regardait : « Voulez-vous pas voir le
capitaine La Noue, monseigneur? » demanda-t-il.

Coligny hésita un instant : « Vous lui direz
que je lui remets tout! » dit-il, comme si pressé
de courir où l'appelait son cœur qu'il n'avait pas
même le loisir de donner ses ordres. Puis remar-
quant le visage consterné de Téligny : « Vous
voulez venir avec moi auprès d'elle? demanda-t-il;
vous avez raison, elle vous a été mère depuis que
Dieu reprit à lui ma pauvre cousine Aréthuse
Vernon. Faites venir La Noue pendant qu'on prépare mes équipages, je lui parlerai. »

Moins d'une demi-heure plus tard, Coligny et Téligny chevauchaient vers Orléans au grand pas de leurs coursiers. Ils arrivèrent vers le soir, recueillant dès leur entrée dans la ville la nouvelle que Mme l'amirale vivait encore. Le pont-levis du château s'abaissa, mais les grincements des poulies et des chaînes ne frappaient plus des oreilles que la mort glaçait déjà. Coligny avait amené du camp avec lui le médecin qu'Ambroise Paré avait donné au prince de Condé pour le suivre en ses batailles, et il suivit l'amiral comme il s'avançait vers la chambre de sa femme, ne voyant et ne reconnaissant personne, même ses enfants accourus au-devant de lui. Il avait seulement passé son bras autour du cou de sa fille Louise, et, sans le savoir, il s'appuyait fortement sur l'épaule de l'enfant lorsqu'il entra tout droit auprès du lit de Charlotte de Laval. Elle avait les yeux grands ouverts, et le voyant tout à coup auprès d'elle, elle poussa un cri d'une si extrême joie et satisfaction en se redressant pour lui tendre les bras que les femmes qui se tenaient dans la ruelle crurent que c'était le dernier moment. Mais le médecin qui accompagnait l'amiral s'élança auprès du lit, un flacon à la main qui contenait un puissant cordial, il en versa quelques gouttes entre les lèvres desséchées, en frotta les mains et les tempes, ce qui ranima si fort Mme l'amirale qu'elle put passer ses mains autour du cou de son mari et lui parler à voix basse et éteinte de la joie qu'elle avait à le revoir encore une fois ici-bas, ce dont elle remerciait très humblement le miséricordieux Sauveur, et espérait bien que sa guerre ne souffrirait point de cette absence qui ne serait pas longue, le dernier combat étant presque achevé autant qu'elle le pouvait croire. Puis relevant son front pâle de l'épaule de son mari : « N'ai-je pas vu M. de Téligny ou ma vue est-elle déjà troublée? » demanda-t-elle en étendant les mains comme si elle le cherchait. Le jeune homme se rapprocha du lit et se laissa tomber à genoux devant elle, baisant les mains mourantes. Elle les posa sur sa tête avec un geste de bénédiction, murmurant avec tendresse : « Mon fils! » C'était un nom que l'amiral seul avait donné jusque-là à Téligny qui rougit de plaisir et de reconnaissance. Le médecin reparut avec son cordial. Mais les forces étaient épuisées, et l'effet du remède fut si faible que l'amiral soutenait avec ses bras une tête alourdie et des membres déjà glacés par la mort. Elle se releva cependant une fois encore comme par un soubresaut convulsif, soupirant ces deux paroles : « Dieu!... mes enfants! » Et elle expira.

L'amiral leva les yeux vers le ciel : « Sauveur Jésus! dit-il tout haut, reçois en ta paix cette âme qui est tienne! » et il reposa sur les oreillers la dépouille mortelle. La petite Louise était toujours à côté de lui, elle baisa le front glacé, puis reprenant le bras de son père, libre à cette heure du fardeau chéri qu'il avait longtemps soutenu, elle le conduisit dans sa chambre, comme un homme aveuglé et stupéfait par la douleur. Mais une fois dans ce lieu familier, reconnaissant tout à coup l'immensité de la perte qu'il venait de faire, il se prit à marcher de long en large par la chambre, tendant les bras au ciel; puis, ramenant l'une contre l'autre ses mains crispées et criant à Dieu dans sa détresse : « Mon Dieu, que t'ai-je fait? Quel péché ai-je commis pour être si rudement châtié et accablé de tant de maux? Ta volonté soit faite, enseigne-moi à vivre plus saintement et à donner un meilleur exemple de piété! Père très saint,

regarde-moi, s'il te plaît, en tes miséricordes et al-
lège mes peines ! »

La petite main de Louise s'était glissée sous le
bras de son père et M. Merlin, qui n'avait pas
quitté depuis deux jours le lit de Mme l'amirale,
ayant adressé au Seigneur Dieu une prière pleine
de force et de consolation pieuse, M. l'amiral
s'avisa que ses enfants lui restaient comme grande
douceur et pieux devoir, et les faisant tous appeler
auprès de lui par leur sœur Louise, il leur parla
lui-même, leur représentant qu'une si grande perte
que celle de leur mère leur devait enseigner qu'il
ne leur restait plus d'appui en ce monde ; que les
maisons et les châteaux, quoique bien fortifiés et
somptueux, ne nous avaient point été donnés pour
une demeure et possession perpétuelle, mais bien
comme une hôtellerie et par emprunt. « Vous le
voyez, mes enfants, ajouta-t-il, toutes choses
humaines, même les meilleures, sont périssables
et caduques, hors la miséricorde de Dieu seul qui
n'est point humaine mais divine ; ainsi rejetant
tout autre secours vous ne pouvez manquer de
trouver celui-là, seul éternel et toujours présent. »

LOUISE DE COLIGNY

CHAPITRE IV

PREMIÈRE FUITE

Mme l'amirale de Coligny venait de pousser le dernier soupir, victime de la contagion qui régnait dans Orléans assiégée, quelques jours avant la signature de la déplorable paix de Longjumeau (23 mars 1566). L'amiral était plongé dans la plus profonde douleur, à laquelle le sentiment du devoir pouvait seul l'arracher. Le grand cœur se ressaisit lui-même à l'appel de l'Église en deuil, menacée dans les plus élémentaires de ses libertés mal assurées. Il fit venir Lagresle, le précepteur de ses enfants. « Il me faut de suite retourner en l'armée, dit-il, car j'ai laissé les affaires en état critique et ne sais ce qui peut arriver. M. de Téligny veillera aux devoirs funèbres avant de me venir retrouver au camp devant Chartres, je vous prie donc d'avoir soin de mes pauvres enfants en leur grande solitude et abandon et de les instruire, comme je vous l'ai souvent recommandé, en toute piété et bonnes sciences qui sont les seules choses durables. Aussi ai-je bien compris qu'en m'affligeant le Seigneur m'avertit de me dédier à lui mieux que jamais. »

La paix de Longjumeau étant signée, Coligny ne tarda pas à revenir à Châtillon, pour y prier sur le caveau de famille où avait été apportée Charlotte de Laval; chaque fois qu'il se prosternait à côté de cette pierre, il lui semblait entendre résonner dans son âme cette voix héroïque et grave qui l'avait toujours entretenu de grandes résolutions et de courageux désintéressements, affectionné aux choses qui sont en haut et non à celles qui sont sur la terre. Louise ne quittait presque pas ses côtés, s'instruisant chaque jour davantage des nobles leçons de l'épreuve et vaquant, avec une sagesse et une prudence au-dessus de son âge, au soin de cette grande maison désolée et constamment menacée. Coligny avait demandé à la reine mère une garde pour la sûreté de sa personne, mais il se voyait à la veille d'être assiégé et pris en sa demeure, qu'il avait plusieurs fois quittée pour se rendre chez son frère d'Andelot, à Tanlay ou à Noyers chez le prince de Condé. Il avait constamment emmené avec lui tous ses enfants et ce fut à Noyers qu'il acquit la certitude, comme le lui fit indirectement savoir le maréchal de Tavannes, que « la chasse était préparée, les cerfs étant aux toiles ». La vigilance de l'espionnage semblait se relâcher quelque peu avec l'imminence de l'attaque, les troupes étaient en marche qui devaient assiéger le seigneur prince et l'amiral. Le 23 août 1568, les deux chefs des réformés avec Mme la princesse, fort avancée dans sa grossesse, Mme d'Andelot et tous les enfants, sortirent du château de Noyers et prirent le chemin de la Loire, dans l'espoir de trouver un refuge à la Rochelle, forteresse du protestantisme persécuté.

Les enfants chevauchaient bravement à la suite de leurs parents, et Mme d'Andelot étendait sa tendre protection tout particulièrement aux filles de son beau-frère. Louise était pour elle l'objet d'une admiration et d'un étonnement croissants,

tant le courage et la raison de la jeune fille semblaient se développer rapidement au milieu des
hasards et des dangers de la fuite. L'enfant aimait
surtout à se tenir près de son père, et à l'interroger
elle-même, tout en observant une discrétion et
une modestie qui faisaient souvent dire à l'amiral :
« L'âme de sa mère a passé dans le corps de cette
enfant. » Lorsqu'il faisait cette remarque à Téligny
le jeune homme ne pouvait s'empêcher de rougir
comme s'il avait reçu un éloge personnel.

La jeune fille n'était pas ignorante, ayant été
instruite par le bon Lagresle en compagnie de ses
frères, mais elle avait étudié les auteurs classiques
plutôt que la géographie, même locale, et elle ne
savait pas bien comment on pourrait traverser la
Loire. Cependant l'idée d'entrer dans quelque
ville, où l'on trouverait un pont, lui paraissait
dangereuse, car elle comprenait bien avec quelle
difficulté on avait jusque-là raison à éviter les
bandes éparses des coureurs du maréchal de Tavannes. L'amiral avait plusieurs fois pensé que son
vieux compagnon d'armes des temps passés n'était
pas fort empressé de mettre la main sur lui et sur
son neveu. En effet, Tavannes avait écrit en rece-

vant l'ordre d'assiéger Condé à Noyers : « La reine est conseillée plus de passion que de raison, je ne suis pas propre au succès de cette entreprise mal devisée de quenouille et de plume; s'il plaît à Sa Majesté de déclarer la guerre ouverte, je ferai connaître comment je sais servir. »

Louise s'enquit auprès de son père des moyens qu'il comptait employer pour traverser le fleuve : « Nous chercherons un gué, mon enfant, dit l'amiral, et nous mettrons notre confiance en Celui qui a conduit les Israélites à travers la mer Rouge. »

La pieuse assurance de Coligny avait rendu courage à sa fille, et elle fut bientôt justifiée, car les eaux de la Loire étant fort basses, par suite de la sécheresse, un des gentilshommes de la suite, originaire du pays, vint avertir le prince de Condé qu'il avait reconnu un gué non loin de Sancerre, et à quelque distance de tout poste militaire ; on avait aperçu sur la rive quelques petits bateaux laissés à sec sur les sables. Condé poussa son cheval, s'arrêtant un instant pour encourager sa femme et prendre avec lui sur le col de sa monture le second de ses fils; l'aîné, le marquis de

Conty, chevauchait à côté de son père. Coligny prit dans ses bras sa petite Renée, âgée de sept ans; Charles, le dernier de ses enfants, était aux mains du capitaine François. Téligny avait pris Odet auprès de lui. Le prince entra le premier dans l'eau; les enfants riaient en entendant le clapotement des ondes sous les pieds des chevaux. La princesse, avec Mme d'Andelot et les enfants trop jeunes pour chevaucher étaient assises dans de petites nacelles que poussaient des hommes plongés dans l'eau jusqu'aux épaules; quelques bateliers qui se trouvaient par là étaient venus en aide aux fugitifs; par bonheur, ils se trouvaient eux-mêmes de la Religion. La princesse de Condé avait peur, elle hésitait : « Pour Dieu, madame, dit l'un des pêcheurs, hâtez-vous, car avant ce soir le vent sera levé et l'eau de la rivière si grandement accrue qu'on n'y pourra plus passer même à la rame. »

En effet, au travers de la chaleur étouffante et du calme plat de la journée, passaient de temps à autre des bouffées d'un air chaud et d'un vol rapide, comme les précurseurs ou les signes d'un orage lointain. Mme la princesse s'assit dans la barque : « Ici ou ailleurs! » murmurait-elle en entourant de ses bras les deux petits enfants assis à côté d'elle.

On parvint sans encombre à l'autre rive où les cavaliers attendaient déjà le passage des nacelles. On n'avait pas touché le sol depuis un quart d'heure et les bateliers qui avaient poussé les embarcations secouaient encore leurs vêtements mouillés lorsqu'ils s'écrièrent tout à coup : « Voilà l'eau qui vient! » et ils s'enfuirent à une si grande distance que les voyageurs riaient entre eux de l'excès de leur terreur. Ils les suivirent cependant et bien leur en prit, car la Loire montait si vite et sur une telle largeur que les deux rives disparurent sous l'inondation, rendant impossible toute pour- suite des fugitifs, lors même que les meilleurs sol- dats de Tavannes se fussent trouvés de l'autre côté du fleuve. Comme l'amiral tendait la main à sa fille pour l'aider à gravir une petite éminence où l'on pouvait se reposer en sûreté, Louise s'écria : « Vous l'aviez bien dit, monsieur mon père, Dieu nous a secourus comme les Israélites au bord de la mer Rouge. » A quoi l'amiral répondit en se lais- sant tomber à genoux sur le sable pour entonner à haute voix le psaume CXIV célébrant la délivrance du peuple de Dieu. Tous les fugitifs chantaient avec lui, et de cette rive de la Loire s'éleva vers Dieu le pieux cantique de la sœur de Moïse : « Chantez, chantez à l'Éternel Dieu qui a fait éclater sa gloire ! »

En arrivant à la Rochelle, Condé avait vu sa troupe s'accroître d'un grand nombre de gentils-hommes de la Religion instruits soudainement de son passage par cette rumeur sourde que connaissent tous les persécutés, et qui se précipitaient sur ses pas pour entrer avec lui dans un refuge assuré. « J'ai fui tant que j'ai pu, écrivait le lendemain Condé, mais ici j'ai trouvé la mer, et ne sachant pas nager, j'ai été obligé de retourner la tête et de gagner la terre, non avec les pieds, mais avec les mains. »

Dix jours plus tard, sa belle-sœur, la reine de Navarre, Jeanne d'Albret, arrivait à la Rochelle avec son fils et elle écrivait de là à la reine mère en annonçant sa volonté d'unir son sort à celui des réformés combattant pour leur foi et pour leur liberté : « A Dieu ne plaise que je veuille rappeler les indignités que personnellement j'ai reçues, car je fais cette protestation que le service de mon

Dieu, de mon roi, l'amour de ma patrie et de mon sang me remplissent tellement le cœur qu'il n'y a en moi point de vide pour ressentir quelque passion particulière qui me touche. »

Condé et Coligny avaient confié aux Rochelais le soin de leurs familles, et la reine Jeanne avait pris le commandement de la ville et des âmes avec cette hauteur passionnée de courage qui ne l'abandonna jamais à travers les épreuves compliquées de sa vie. Les chefs réformés appelaient à eux tous leurs partisans et envoyaient aussitôt demander des secours aux primes protestants de l'Allemagne, comme à la reine d'Angleterre et aux cantons réformés de la Suisse. Cette fois, Téligny avait obtenu de l'amiral l'honneur de rester à ses côtés pour combattre au lieu d'être employé dans les missions diplomatiques. Comme de coutume, ce fut à lui que Louise recommanda tout particulièrement le soin de son père lorsque l'amiral quitta la Rochelle avec le prince de Condé.

« Ne le quittez non plus que votre ombre, monsieur, dit-elle gravement, et n'oubliez pas qu'il vous appelle son fils. » La jeune fille parlait d'une voix ferme et douce, mais avec un accent de par-

faite innocence, et comme ignorant ce que le nom
de fils donné à Téligny pouvait impliquer.

Téligny rougissait; il plaça sa main sur le livre
d'Évangile encore ouvert après la prière du matin :
« Ce qu'homme peut faire du cœur et de la main
je jure Dieu qu'avec son aide je le ferai pour
garder M. l'amiral! » dit-il simplement. Louise
était satisfaite; elle ne pleurait pas lorsqu'elle
embrassa son père au départ.

La princesse de Condé n'était pas si ferme, elle
était sur le point d'accoucher, faible et triste; sa
foi n'était d'ailleurs pas à la hauteur de celle des
femmes qui l'entouraient et de sombres pressenti-
ments agitaient son âme. A peine devait-elle entre-
voir son mari quelques instants entre la campagne
insignifiante de 1568 et l'expédition désastreuse
de 1569.

Les deux armées en vinrent aux mains le 13 mars
près de Jarnac, sur les rives de la Charente. Le
duc d'Anjou, troisième fils et favori de Catherine
de Médicis, le maréchal de Tavannes et le jeune
duc de Guise étaient à la tête de l'armée catholique. Dès le début du combat, l'amiral fut accablé
par le nombre. Le prince de Condé, appelé à son

secours, s'y porta aussitôt, tout en désapprouvant le mouvement : « A Dieu ne plaise, dit-il, que Louis de Bourbon tourne le dos à l'ennemi ! » Il disait cependant à son beau-frère François de la Rochefoucauld : « Mon oncle a fait un pas de clerc, mais le vin est tiré, il faut le boire ! » Presque au même instant il reçut un coup de pied du cheval de son compagnon qui lui cassa la jambe; il avait déjà eu le bras froissé dans une chute. Condé [1] se retourna vers ses gens d'armes, et montrant tantôt ses membres meurtris, tantôt la devise : « Dans le péril pour Christ et la patrie ! » que sa cornette faisait voler au vent : « Noblesse française, s'écria-t-il, voici le moment désiré ! souvenez-vous en quel état Louis de Bourbon entre au combat pour Christ et la patrie ! » Puis, baissant la tête, il donna avec ses trois cents chevaux sur les huit cents lances du duc d'Anjou. Le premier effet de cette charge fut inévitable, mais bientôt les forces royales s'accrurent coup sur coup. Le prince vit son cheval tué sous lui; empêché par ses blessures, il ne put remonter sur un autre.

1. *Histoire de la Maison de Condé*, par le duc d'Aumale.

« Ses compagnons faisaient merveilles d'armes tout autour de lui. M. de la Vergne, qui avait amené vingt-cinq fils ou neveux, resta sur la place après quinze des siens, tout en un monceau », dit d'Aubigné. Le prince de Condé était adossé à un arbre, un genou en terre, combattant encore. Sans défense et sans espoir, il venait de se rendre à deux gentilshommes catholiques auxquels il avait fait service, lorsqu'ils se virent entourés des gardes du duc d'Anjou. « Cachez-vous la figure », criait M. d'Argence, mais le prince secoua la tête : « Ah ! d'Argence, d'Argence, tu ne me sauveras pas ! » Au même moment M. de Montesquiou, le capitaine des gardes, lui cassa par derrière la tête d'un coup de pistolet.

Les ignobles insultes du vainqueur au cadavre du vaincu ainsi assassiné avaient enflammé toutes les haines réciproques des deux partis, lorsque les restes de l'armée protestante se retrouvèrent à Tonnay-Charente, où la reine de Navarre vint à leur rencontre ; elle amenait avec elle les deux jeunes Henri, héritiers de la maison de Bourbon, qu'elle appelait également ses fils. Le roi de Navarre avait quinze ans, le prince de Condé dix-sept. Tous deux furent associés au commandement de l'armée, sous les ordres de Coligny. « Votre cause est la mienne, vos intérêts sont les miens, dit le petit roi de Navarre, je jure sur mon âme, honneur et vie d'être tout entier à vous. »

Le jeune prince de Condé jura de même, avec un ardent retour de son souvenir et de sa vénération pieuse vers la mère qu'il avait perdue cinq ans auparavant et qui lui avait dit en mourant : « Je vous prie, mon fils, craignez Dieu surtout, et l'honorez comme l'auteur de tout bien, duquel vous devez attendre toutes les faveurs, puisqu'il a laissé tant d'arrhes de sa bénéficence dans votre maison, que vous saurez beaucoup mieux juger avec l'âge. Croissez en vertu, mon ami, qui est la vraie parure des grands. Soyez amateur du bien public, et le procurez par tous justes moyens sans offenser votre conscience. Que votre bouche soit le domicile de vérité, votre main ouverte aux pauvres et votre maison close aux flatteurs. Si vous faites cela, mon mignon, vous aurez comme Abraham, Isaac et Jacob, la bénédiction de Dieu et la mienne que je vous donne. » L'enfant de douze ans n'avait jamais cessé d'entendre ces saints conseils retentir à ses oreilles, et il était prêt à donner sa vie, comme l'avaient ait son père et sa mère pour la religion qui leur était chère à des degrés et à des titres divers. Privé de la tendresse de sa mère, il suivait déjà les traces qu'elle avait laissées « sur le chemin de vertu », comme le disait d'Aubigné.

Bien était besoin que l'ardeur des jeunes princes vînt suppléer aux vides que faisait la mort dans les rangs des chefs réformés. Soubise était mort, Condé aussi, d'Andelot allait les suivre, succombant au poison, à ce que jugèrent les contemporains qui voyaient volontiers partout les effets de la vengeance italienne. « Toute cette guerre ne s'achèvera point par les armes, avait dit plusieurs fois à la cour M. de Birague, mais plus aisément par les cuisiniers », sous lequel mot il entendait les empoisonneurs.

La douleur de l'amiral fut d'autant plus grande qu'avec d'Andelot disparaissait le dernier témoin de toute sa vie et le confident habituel de ses plus secrètes pensées, Charlotte de Laval n'étant plus là pour les partager avec lui. Ses enfants, comme la veuve de d'Andelot, ne pouvaient plus compter sur d'autre appui que le sien et il sentait de plus en plus le besoin de vivre pour toutes ces faibles créatures qui avaient eu le bonheur et l'honneur d'appartenir à un si grand capitaine et si fidèle serviteur de Dieu duquel on pouvait bien dire, en les temps agités et les troubles que traversaient l'État et l'Église, qu'il était bien heureux d'avoir avec tant de piété et de félicité terminé le cours de sa vie.

Avant de reprendre le cours de la douloureuse campagne de 1569, l'amiral de Coligny, comme d'Andelot l'avait fait au début de la guerre, voulut écrire son testament, témoignage suprême de sa foi religieuse, et pour indiquer à grands traits ses intentions sur l'éducation de ses enfants, très jeunes encore pour la plupart, qu'il laisserait sans appui paternel depuis la mort funeste de M. d'Andelot.

C'était au nom du Seigneur Jésus-Christ en qui seul il cherchait son salut et la rémission de ses péchés qu'il résumait l'histoire de sa vie et de son dévouement à la cause qu'il avait défendue. « Je sais que l'on m'a voulu accuser d'avoir pensé à attenter aux personnes du roi, de la reine et de messeigneurs, frères du roi, mais je proteste devant Dieu que je n'en eus jamais envie ni volonté, non plus que je ne me suis trouvé en lieu où de telles choses pussent être proposées. On a aussi voulu m'accuser d'ambition à cause de la prise d'armes que j'ai faite avec ceux de la Religion; mais je proteste aussi que le zèle de religion me les a fait prendre, et la crainte que j'avais conçue pour ma vie. Et il faut que je confesse ici mon infirmité et la plus grande faute que j'ai faite en cela, c'est que je n'ai pas assez ressenti les injustices et meurtres qu'on faisait de mes frères, et qu'il a fallu les dangers et embuscades qu'on faisait sur moi pour me pousser à faire ce que j'ai fait. Mais je dis aussi, devant Dieu, que j'ai essayé, par tous les moyens que j'ai pu, d'éviter ce malheur, ne craignant rien tant que les troubles et guerres civiles, prévoyant bien que cela apporterait après soi la ruine de ce royaume dont j'ai toujours désiré et procuré la conservation de tout mon pouvoir.

« Ce qui me décide à parler de ceci en cet écrit, c'est que, ne sachant l'heure à laquelle il plaira à Dieu de m'appeler, je veux laisser ce témoignage à ma postérité pour ne la point tacher d'une note d'infamie, d'infidélité ou de rébellion, et qu'on sache bien que, si j'ai pris les armes, ce n'a point été contre le roi, mais contre ceux qui, tyranniquement, ont contraint ceux de la religion réformée de prendre les armes pour garantir leurs vies, et je l'ai pu faire avec plus saine conscience, sachant que cette tyrannie était contre la volonté du roi.

« Et comme, en partant de ce monde, je sais que je dois comparaître devant le trône de Dieu pour recevoir mon jugement, je veux qu'il me tourne en condamnation si je mens en disant que ce que je désire le plus c'est que Dieu soit servi partout, et particulièrement en ce royaume, en toute pureté et selon son ordonnance, et, après, que ce royaume soit conservé. Si cela peut être ainsi, j'oublierai bien volontiers toutes choses qui me touchent en mon particulier, soit d'injures, d'outrages et de la perte qu'il peut m'en arriver pour mes biens comme j'ai fraîchement entendu qu'il est advenu en ma maison de Châtillon, pourvu qu'en ce qui touche la gloire de Dieu et le repos du public, il puisse y avoir sûreté. Tant qu'il n'en sera pas ainsi, je suis délibéré de m'employer en cette cause, par sa grâce, jusqu'au dernier soupir de ma vie.

« Pour laisser la paix entre mes enfants qu'il faut toujours chercher premièrement avec Dieu, je prie et ordonne qu'ils soient toujours nourris et entretenus en l'amour et la crainte de Dieu. Ayant grand contentement des bons soins que Lagresle, leur précepteur, leur a toujours donnés, je le prie de vouloir bien les continuer jusqu'à ce qu'ils aient atteint l'âge de quinze ans, estimant ce temps être mieux employé à leurs études que de les mettre à la cour ou à la suite d'un seigneur. Surtout je prie et ordonne à celui ou à ceux qui en auraient la charge de ne leur laisser jamais hanter mauvaise ou vicieuse compagnie, car nous sommes trop enclins de notre nature au mal, et recommande que cet article leur soit souvent rappelé comme étant mon intention et ma volonté.

« Je désire aussi que mes neveux soient élevés et nourris avec mes enfants suivant la charge que M. d'Andelot, mon frère, m'en a laissée par son testament et qu'ils prennent exemple, les uns et les autres, de la bonne et fraternelle intelligence et amitié qu'il y a toujours eu entre mon dit frère et moi.

« Suivant les propos que j'ai tenus à ma fille aînée, je lui conseille, pour les raisons que je lui ai dites à elle-même, d'épouser M. de Téligny pour les bonnes conditions et autres qualités bonnes et rares que j'ai trouvées en lui. Si elle le fait, je l'estimerai bien heureuse. Mais, en ceci, je ne veux user ni d'autorité ni de commandement de père, seulement je l'avertis que, l'aimant comme elle a pu connaître que je l'aime, je lui donne ce conseil parce que je pense que ce sera pour son bien et contentement, ce qu'on doit plutôt chercher en telles choses que grands biens et richesses. »

Louise de Coligny n'avait pas quatorze ans et son père lui avait cependant déjà parlé plusieurs fois d'épouser M. de Téligny, car il arrivait souvent que l'amiral, frappé de la sagesse, de la prudence et de la raison précoce de cette fille chérie, oubliait son jeune âge, et s'entretenait avec elle comme il avait accoutumé de faire avec sa mère, la consultant sur l'éducation de ses frères et sur les dispositions qu'il entrevoyait dans leurs caractères, lorsque les armes lui laissaient quelques instants de loisir pour rentrer à la Rochelle. Il amenait alors toujours avec lui M. de Téligny, et Louise n'avait pas eu besoin des avis de son père pour s'apercevoir que ce jeune gentilhomme désirait ardemment qu'elle devînt un jour sa femme. Il lui arrivait cependant de soupirer tout en riant, lorsqu'elle se disait : « Ce n'est pas moi qu'il veut épouser, mais bien M. l'amiral, qu'il aime uniquement, et dont il sera heureux de devenir le fils de fait comme de nom. » Ce n'était pas suffisant pour le cœur et pour l'esprit de Louise. « Mon mari devra m'aimer pour moi », pensait-elle dans ses rêves de femme et d'enfant.

Hélas ! il était vrai que la ville de la Rochelle et l'étroit logis qu'occupait Mme d'Andelot avec les enfants de son beau-frère et les siens était le seul abri assuré pour lors aux familles des chefs réformés, d'autant plus que, la paix eût-elle été subitement rétablie, l'amiral eût retrouvé son château de Châtillon si dévasté, pillé et détruit, qu'à peine y aurait-il pu faire sa demeure. Louise pleura toute une journée lorsque la nouvelle de cet outrage parvint à la Rochelle ; le château de Tanlay, appartenant à M. d'Andelot, avait souffert aussi, mais étant moins grand et moins beau que Châtillon, la perte n'était pas de même importance. Anne de Salm avait eu d'ailleurs peu de temps pour s'y attacher, ayant souvent suivi son mari en divers lieux depuis son mariage ; elle encourageait Louise à reprendre son calme en présence d'un chagrin secondaire et d'une perte matérielle. « Nous n'avons pas ici de cité permanente, disait-elle, et Châtillon était votre cité ; regardez à la maison de notre Père qui est aux cieux. C'est là que vous retrouverez votre dame de mère, votre frère, monsieur mon mari.... »

Louise releva la tête. « Vous avez bien dit, madame ma tante, et elle lui baisait doucement les mains, Châtillon était une cité et je n'en dois point avoir ici-bas, puisque nous autres de la Religion sommes par-dessus tout étrangers et voyageurs par la terre...

— Ce qui nous est grand honneur et profit », ajouta Mme d'Andelot, poursuivie depuis sa jeunesse par la haine et la jalousie de MM. de Guise dans son pays de Lorraine. Louise soupira. Elle était encore bien jeune pour renoncer à la douceur de la patrie terrestre. Le temps et la douleur devaient se charger bientôt de lui faire pénétrer le sens profond des paroles de Mme d'Andelot.

Plus que jamais la guerre civile devenait violente et les hostilités compliquées de tentatives odieuses. L'amiral subit, devant Poitiers qu'il assiégeait, un essai d'empoisonnement presque au même moment où sa tête était mise à prix par le Parlement de Paris et où il fut exécuté en effigie sur la place de Grève. Il était malade et contraint de se faire porter en litière, lorsqu'il leva précipitamment le siège de Poitiers pour courir au secours de Châtellerault, que menaçait le duc d'Anjou. Tous les blessés et les malades étaient réunis dans cette petite place qui fut bientôt dégagée. Les deux partis, irrités tout de nouveau l'un contre l'autre par les cruautés réciproques des engagements précédents, se ruèrent avec fureur à la bataille de Moncontour. Coligny fut blessé assez tôt dans l'action après avoir tué de sa main le duc Philibert de Bade, et le combat était si ardent que ses amis eurent grand'peine à l'emmener du champ de bataille pour le faire panser. Tout l'avantage demeura aux catholiques. L'amiral aurait pu perdre

courage. « Il voyait sur sa tête, écrit Agrippa d'Aubigné, le blâme de tous les accidents, le silence de
ses mérites; sous lui, un reste d'armée qui, entière,
se dissiperait déjà avant le dernier désastre, des
villes pillées, des garnisons étonnées, des auxiliaires
étrangers sans bagages, lui sans argent, des ennemis
très puissants et sans pitié pour tous, surtout
pour lui, abandonné de tous les grands, hormis
d'une femme, la reine de Navarre, qui, n'ayant
que le nom de reine, s'était avancée jusqu'à Niort
pour tendre la main aux affligés et aux affamés.
Malade et pressé par la fièvre, il endurait tous ces
aiguillons et plusieurs autres qui le venaient blesser,
plus cuisants que sa fâcheuse plaie. Comme on le
portait dans une litière, M. de Lestrange, vieux
gentilhomme et l'un de ses principaux, cheminant
en même équipage et blessé comme lui, fit, en un
chemin large, avancer sa litière à côté de celle de
l'amiral et, passant sa tête à la portière, il regarda
fixement son chef, la larme à l'œil, et disant :
« Si est-ce que Dieu est très doux! » Là-dessus ils
se dirent adieu, bien unis de pensées, sans pouvoir
dire davantage. Ce grand capitaine a confessé à ses
intimes que ce petit mot d'ami l'avait relevé et

remis au chemin des bonnes pensées et fermes résolutions pour l'avenir. »

C'était en effet l'inébranlable foi et confiance en
Dieu qui animait ceux de la Religion qui leur avait
permis de soutenir si longtemps une lutte inégale
et de jeter l'une après l'autre dans l'abîme de la
guerre civile toutes leurs possessions les plus chères.
Cependant les vainqueurs commençaient à se lasser
comme les vaincus, surtout lorsque l'amiral, à
peine remis de sa blessure, ralliant autour de lui les
restes de son armée, arriva à la Charité-sur-Loire
le 7 juillet 1570. La guerre durait depuis deux ans.
Paris se croyait menacé. Les négociations commencèrent et. le 8 août. la paix fut conclue à Saint-
Germain-en-Laye, plus équitable et meilleure pour
les réformés que les deux traités précédents, puisqu'elle leur accordait quatre places de sûreté.
Jeanne d'Albret et l'amiral de Coligny tenaient la
plus importante et ne quittèrent pas la Rochelle,
lorsque ce dernier fut revenu de sa triste visite dans
son château dévasté de Châtillon.

Ses enfants l'attendaient avec une impatience
passionnée; à peine l'avaient-ils entrevu pendant
ces années de guerre où il jouait chaque jour sa vie

au service de Dieu et de l'Église. Il était vieilli, fatigué, courbé, bien qu'il eût à peine cinquante ans, et la blessure au visage qu'il avait reçue à Moncontour avait altéré ses traits en lui imprimant d'une manière ineffaçable la trace de la mélancolie profonde qui pénétrait alors son cœur. Louise se pressait contre lui, comme si elle eût voulu s'assurer par la tendresse de ses caresses que c'était bien là le père qui lui était si cher, dont elle était si fière et qui lui avait toujours témoigné une affection particulière. Il la repoussa enfin doucement, en retenant sa main entre les siennes comme pour l'examiner à son tour. Elle n'était pas grande, quoiqu'elle eût grandi, mais sa taille était bien prise, svelte et légère. Ses yeux bleus ressemblaient à ceux de l'amiral lui-même, pénétrants et fermes, avec le charme d'une douceur infinie. Son teint était clair et coloré, tous ses mouvements gracieux et modestes. Le charme d'une grande bonté et d'un dévouement simple animait ses regards. Il suffisait de la contempler un instant pour être assuré qu'elle avait coutume de s'oublier elle-même pour ne penser qu'aux autres. Sur le front serein empreint d'une pureté céleste, l'amiral retrouvait

la trace des saints enseignements de Charlotte de
Laval. Louise était cependant plus douce et plus
gaie que sa mère et Coligny devinait sans peine
qu'elle porterait plus légèrement que celle-ci les
fardeaux d'une vie dont son amour paternel ne
pouvait heureusement pas prévoir toutes les douleurs. Il l'attira de nouveau contre son sein, la
bénissant silencieusement par un baiser au front.
Comme il la laissait aller, émue et rougissante, un
coup léger retentit à la porte et M. de Téligny
entra.

CHAPITRE V

DEUX MARIAGES

Louise ne pouvait rougir davantage, elle mit la main sur ses yeux comme pour cacher des larmes. Les regards de son père l'interrogeaient. Elle baissa la tête sans répondre, mais son silence en disait assez. L'amiral fit un pas vers elle et, la prenant par la main : « Mon fils, dit-il à Téligny, voici ma fille que je vous donne. Je ne saurais vous faire plus beau présent. » Téligny, radieux, éperdu, était déjà aux pieds de Louise et de l'amiral. « Elle n'a pas encore seize ans, ajouta Coligny, nous attendrons donc encore un peu pour célébrer vos noces. D'ailleurs... »

L'amiral avait rougi sous sa peau hâlée par les fatigues et la rigueur de la vie qu'il avait constamment menée. Téligny souriait, Louise ouvrait de

grands yeux étonnés, prévoyant un mystère dont
son fiancé était instruit. « Il me le dira », pensa-
t-elle, bien assurée de l'affection confiante que lui
avait toujours témoignée celui qui avait été élevé
auprès d'elle comme un frère aîné et auquel elle
venait d'accorder un titre plus tendre. Mais l'amiral
ne laissa à personne le soin d'instruire sa fille du
changement qui se préparait dans son existence.

« D'ailleurs, reprit-il, comme il convient que
vous en soyez informée, ma fille. je ne serai bientôt
plus seul en cette vallée de notre pèlerinage et
Mme Jacqueline d'Entremonts, veuve du sieur
d'Anton, a bien voulu consentir à partager ce reste
de ma vie dont votre mère a emporté la meilleure
part dans son tombeau. »

C'était le tour de Téligny de paraître étonné,
mais bientôt il rougit presque aussi fort que Louise
et comme honteux de s'être laissé un moment sur-
prendre par la généreuse délicatesse des paroles de
l'amiral. Mlle de Coligny avait un instant hésité,
stupéfaite et comme suffoquée par une nouvelle à
laquelle elle n'avait jamais donné une pensée ; puis,
s'avançant résolument vers son fiancé, elle le prit
par la main et l'attira avec elle auprès de l'amiral.

fléchissant le genou devant son père. « Dieu de son ciel vous bénisse, monsieur, dit-elle, ainsi que celle qui veut vous rendre heureux! »

L'amiral ne pouvait s'empêcher de sourire gravement dans sa barbe lorsqu'il releva tendrement les deux jeunes gens dont le visage, comme l'action, témoignait assez qu'ils se suffiraient désormais l'un à l'autre. « Elle a deviné, la petite rusée, se disait-il en lui-même, et elle n'a pas besoin qu'on lui dise que je n'ai point été chercher une femme et que c'est elle qui m'est venue chercher! Je suis bien assuré qu'elles s'aimeront toutes deux, comme tendres sœurs plutôt que mère et fille! »

Encore une fois, l'amiral oubliait l'âge de Louise dans son admiration pour la raison et la maturité d'intelligence de la jeune fille. Elle n'avait pas seize ans, et, bien que le souvenir de Jacqueline d'Entremonts, celle qu'il avait vue naguère à la cour de France, fût un peu vague dans son esprit, il se rendait bien compte qu'elle ne pouvait guère avoir moins de trente ans. « Et j'en ai cinquante et un, dont plus de la moitié devraient compter double, pensait l'amiral; enfin, elle l'a voulu! »

Pendant ce temps, Louise avait entraîné son

fiancé dans la profonde embrasure d'une fenêtre,
d'où l'on pouvait contempler la mer et les vaisseaux
comme les barques de pêche qui entraient dans le
port ou en sortaient, et elle ne lui avait pas laissé
le temps d'exprimer sa reconnaissance et les trans-
ports de son bonheur, mais allant droit au grand
événement qui venait de la prendre par surprise :

« M. l'amiral se mariera avant nous? » dit-elle en
retenant à grand'peine un petit sourire.

Téligny fit un signe affirmatif : « Plus bas, sup-
pliait-il, plus bas! » et Louise chuchota :

« Qui est-elle, et qui s'est mêlé de cette affaire?

— Elle-même, d'abord. répondit Téligny à la
seconde question, qui s'est prise d'ardente passion
pour M. l'amiral, vaincu, condamné à mort, persécuté, trahi et toujours le plus grand et le plus
digne serviteur que Dieu ait en ce monde. Elle est
veuve depuis tantôt quatre ans de M. d'Anton, le
fils du comte du Bouchage, et elle est retournée
dans ses terres de Montbel et d'Entremonts, au
bord de la Savoie; elle est très riche, aussi bien que
de grande naissance et, dit-on, fort instruite, savante
et pieuse. Elle a dit à ses amis que M. l'amiral ne
devait point vivre seul et que ce serait son bonheur

et sa gloire de rendre douces les années qui lui restaient à vivre et partager ses ennuis et tristesses,
quand Dieu jugerait bon de les envoyer.

— Et ses amis sont venus dire cela à monsieur
mon père ? insista la jeune fille.

— Ils sont venus, ils ont écrit, et M. l'amiral a
dit non. « Je suis au tombeau », a-t-il répondu.

— Et elle a dit qu'elle voulait descendre dans
ce tombeau ?

— Elle a répondu qu'elle ne serait satisfaite
qu'en devenant la Marcia de ce nouveau Caton.

— Caton! ah! Caton ! Elle avait bien choisi! »
s'écria Louise un peu plus haut que ne comportait
le caractère confidentiel de la conversation, si bien
que Téligny lui mit la main sur le bras et qu'elle
ajouta beaucoup plus bas : « Elle ne connait pas
encore monsieur mon père si elle le croit semblable
à ce vieux censeur morose que j'aurais toujours
eu envie de voir battu, n'était qu'il valait mieux
que ses adversaires.

— C'est ce que Mme d'Entremonts a voulu dire
en comparant M. l'amiral à Caton, reprit Téligny,
et les choses étaient déjà en pourparlers depuis plusieurs mois qu'il ne savait pas encore le nom de

celle qui s'était ainsi éprise pour lui à distance d'une passion si fidèle qu'elle est prête à tout risquer pour lui et à affronter pour l'honneur de lui appartenir les dangers, les persécutions, les souffrances, en restant résignée et ferme jusqu'à la mort!

— Qui est-ce qui a dit tout cela? demanda Louise, que Téligny sentait blessée et attristée plutôt par le silence si longtemps gardé à son égard que par le fait même du prochain mariage de son père.

— Je crois que c'est le sieur de Bèze qui l'a écrit, repartit-il, mais c'est assurément Mme la duchesse on appelait toujours ainsi Renée de France, veuve du duc de Ferrare) qui a dit à M. l'amiral que c'était une dame douée de vertus et dons de Dieu très rares, et l'un des plus riches joyaux du pays qu'elle habitait. " La perle des dames de ce " monde ", a dit le comte Louis de Nassau. "

Théodore de Bèze, Louis de Nassau, Mme la duchesse! tous ces grands noms des personnages qu'elle avait été élevée à vénérer et à admirer coupaient la parole à Louise; elle ne hasarda plus qu'un mot : « Est-elle belle?

— Non, repartit nettement M. de Téligny, elle ne l'a jamais été et elle a trente ans. »

Trente ans ! c'était presque la vieillesse aux yeux de Louise, assurément l'âge mûr. Elle se réconciliait avec ce mariage de son père dont elle avait si respectueusement et généreusement accepté l'annonce, mais qui ne laissait pas d'avoir déposé une légère amertume au fond de son cœur. Désormais c'était à elle que l'amiral devait confier la première les incidents de cette aventure étrange qui venait se détacher sur le fond uniformément grave et austère de sa vie. Louise était bien résolue à parler de Mme d'Entremonts à son père et à ne plus être renseignée que par lui, mais ce fut avec une joie secrète qu'elle tendit à son fiancé la main qu'il baisa en murmurant : « A moi seul ! » Elle sentait déjà ces prémisses du bonheur de l'union unique et puissante qui fond en une seule âme deux âmes et deux vies.

Ce fut en effet à Louise, et d'après ses questions répétées, que l'amiral confia les difficultés que soulevait en Savoie le mariage projeté par la comtesse d'Entremonts. Le duc de Savoie, Emmanuel-Philibert, était violemment opposé à ce que

sa sujette portât sa personne et ses grands biens à
un étranger et au chef des réformés français, auxquels se préparait ainsi une porte toute ouverte
vers Genève.

« Et que disent de cette prétention du duc de
Savoie les parents de Mme Jacqueline? Car je
suppose qu'elle n'agit pas contre le gré de sa
famille? » demanda Louise; mais l'amiral repartit
que ses père et mère, qui vivaient avec elle au
château de Montbel, avaient été les premiers à
l'encourager dans ses intentions, et faciliteraient
son départ, s'il devait être opéré secrètement.

« Alors, foin du duc de Savoie! » dit vivement
Mlle de Coligny.

Son père se prit à sourire, non sans quelque
tristesse. « Elle n'en dira pas autant que vous, ma
fille, car si le duc de Savoie lui confisque tous ses
biens, comme il fera probablement au cas qu'elle
soit forcée de lui désobéir, elle me viendra sans
argent et sans ressources, bien contrairement à ses
désirs, car elle m'avait déjà fait savoir que tout ce
qu'elle possédait serait entre mes mains pour le
service de la religion et de la cause à laquelle j'ai
consacré ma vie. »

Louise écoutait un peu consternée; elle était
depuis trop longtemps initiée aux affaires domes-
tiques de son père pour ignorer que l'étroitesse
croissante des revenus de l'amiral était souvent
une cause de faiblesse et d'embarras dans les
affaires publiques, et elle avait involontairement
fait assez de fond sur les grandes richesses qui
allaient se trouver entre ses mains. Elle se remit
cependant bientôt : « N'est-ce pas vous, monsieur, dit-elle, qui avez une fois dit au duc de
Guise que mieux vous aimiez bonne renommée
que toute la fortune qu'une femme pouvait apporter
en une maison? Et la bonne renommée de
Mme d'Entremonts ne peut que gagner à cette
preuve de son désintéressement. »

L'amiral se prit à sourire : « C'est vrai, j'ai
dit cela au duc François lorsque son frère d'Aumale était sur le point de se marier en mauvais
lieu; mais qui vous a raconté cela, mon enfant?
J'avais oublié cette parole de jeunesse, à laquelle
je n'ai rien à changer à cette heure, par la bonté
de Dieu qui me l'inspira alors. »

Louise rougit et ses yeux se remplirent de
larmes. « Madame ma mère m'a dit cela, un jour

que, tout dans mon plus jeune âge, je disais que je voudrais être bien riche et très grande dame. Je me souviens encore comment elle me prit sur ses genoux, me disant que ce n'était ni le bonheur ni l'honneur, elle me raconta ce que vous pensiez déjà longtemps avant de l'épouser. J'ai pensé bien souvent depuis que madame ma mère était la plus vraie grande dame que j'eusse jamais vue ou connue avec ma tante de Roye.

— Vous avez bien pensé, mon enfant », dit l'amiral qui retomba dans sa rêverie. d'où il sortit en s'écriant vivement : « Voilà pourquoi je me réjouis de vous avoir donnée à Téligny, encore qu'il n'ait pas beaucoup de bien. »

Quelques jours plus tard, Coligny recevait un courrier dont il attendait évidemment les lettres avec préoccupation. Lorsqu'il eut coupé les fils de soie qui les fermaient. Louise, presque toujours assise en sa chambre et travaillant auprès de lui, comme si elle ne pouvait rassasier son cœur et ses yeux de la présence de ce père chéri, le vit pâlir, puis rougir doucement, et se levant, sans donner d'ordre à sa fille, il ouvrit lui-même la porte du cabinet où écrivait M. de Téligny : « Elle est partie, mon fils, dit-il avec émotion, partie secrètement, comme me l'écrit son père; elle doit chevaucher en France à cette heure! "

Téligny se leva vivement : « J'irai au-devant d'elle, mon père, si c'est votre bon plaisir. "

L'amiral hésitait : « C'est ce que je devrais faire moi-même ", dit-il lentement et comme pesant à la fois ses paroles et ses réflexions.

« Vous ne pouvez sortir de la Rochelle et laisser le parti sans chef et sans appui, s'il vous arrivait malheur comme à ceux d'Orange ou de Rouen, reprit Téligny, faisant allusion à deux massacres récents qui avaient eu lieu en dépit de la paix.

— Le roi en a châtié les auteurs, repartit l'amiral, toujours disposé à soutenir l'autorité royale.

— Sans doute, sans doute, mais ceux qui sont morts sont morts.

— C'est pourquoi je ne veux point vous exposer, mon fils; que dirait Louise si son fiancé ne lui revenait pas?

— Louise dirait que le fils de son père a été trop heureux de périr en le sauvant »; mais l'amiral secoua la tête. Il avait trouvé les noms des gentilshommes qu'il voulait envoyer au-devant

de sa fiancée et il envoya Téligny les prévenir de
s'appareiller pour chevaucher aussitôt à la rencontre de Mme d'Entremonts.

Le 23 mars, la courageuse jeune femme arrivait dans les murs protecteurs de la Rochelle et,
le 25, la solennité du mariage qui l'unissait à
celui qu'elle avait conquis par la constance de son
affection et de son dévouement fut accomplie en
présence des hôtes illustres réunis dans la cité de
refuge, Jeanne d'Albret et son fils, l'aimable et
courageux Louis de Nassau, et tant d'autres chefs
de la Religion. qui voyaient, avec une satisfaction
mêlée d'un peu d'étonnement, la joie émue qui
renaissait sur le front grave de l'amiral. M. de
Bèze, qui était venu de Genève pour assister au
synode général autorisé par la nouvelle paix, bénit
le mariage auquel il se félicitait d'avoir aidé
« comme il plaisait à Dieu ». La conviction profonde du bonheur qui attendait les deux nouveaux époux dans cette union ne contribua pas
peu à faire disparaître les légers restes d'amertume
qui pouvaient subsister encore dans le cœur des
enfants de l'amiral en voyant remplacer leur
mère; ils reconnurent sans peine que le titre de

Mme l'amirale, qui avait fait jadis la gloire de
Charlotte de Laval, serait dignement porté par
celle qui venait de le recevoir; aussi fut-ce sans
aigreur et triste retour de pensées que Louise,
ouvrant sur la table de son père le livre d'heures
de sa grand'mère, toujours à portée de la main
de l'amiral, y lut ces lignes fraîchement écrites en
tête et en queue de la liste des noms de huit
enfants :

« Le xvie jour d'octobre 1547, Gaspard de
Coligny, sieur de Châtillon, et depuis amiral de
France, fut marié à Fontainebleau en premières
noces à Charlotte de Laval. »

Et plus loin après, ces paroles :

« Le troisiesme de mars de l'an M.D.LXVIII mourut
Madame l'amirale Charlotte de Laval, leur mère,
à Orléans.

« Le quinze de mars M.D.LXXI, le dit seigneur
amiral espousa en secondes nopces Jacqueline, comtesse de Montbel et d'Entremonts, à la Rochelle. »

Seulement, la jeune femme, mariée depuis peu
de jours et deux mois après son père, appuya la
main sur l'épaule de Téligny qui regardait avec
elle le livre d'heures de Louise de Montmorency,

et tournant vers lui son visage rougissant : « Aurez-vous jamais des secondes noces, monsieur mon mari ? demanda-t-elle en souriant.

— Non! s'écria Téligny, ma vie s'éteindra au même souffle que la vôtre, dont elle est la moitié. »

Quelques mois plus tard, Louise devait apprendre que le cœur ne se brise pas et que la vie est chose plus tenace à la douleur que ne le croyait son jeune époux dans la première fleur de son grand bonheur.

Les grandes affaires vinrent bientôt comme de coutume troubler le repos de Coligny et des siens dans la paisible retraite que leur offrait la Rochelle. La pensée d'une union entre le jeune roi de Navarre et Marguerite de Valois, sœur du roi Charles IX, venait d'être reprise, ainsi qu'elle avait été d'abord conçue à la naissance des deux enfants, en 1553, comme le gage le plus sûr et le plus éclatant de la paix entre le catholicisme et le protestantisme. Il fallait y amener la reine Jeanne d'Albret, instruite par son expérience personnelle à se méfier des projets de la cour et qui venait de rejeter l'idée du mariage de son fils avec la reine

Elisabeth d'Angleterre, alors âgée de près de cinquante ans, et dont Catherine de Médicis convoitait la main pour son fils, le duc d'Anjou. Le jeune roi, qui sortait enfin de l'enfance, commençait à éprouver le désir d'être servi par les hommes illustres que lui rendait la paix. « Il s'aperçoit de l'insuffisance de ceux de son entourage, écrivait à cette époque l'ambassadeur d'Angleterre, Walsingham, et que les uns ont plus d'attachement pour autrui que pour lui, tandis que les autres sont plus Espagnols que Français ou adonnés à leurs plaisirs particuliers plus qu'au bien public. » Charles IX commença par appeler secrètement auprès de lui Louis de Nassau, toujours occupé de rassembler des serviteurs et de l'argent pour soutenir son frère le prince d'Orange dans la grande lutte de la liberté aux Pays-Bas, et celui-ci, accompagné des deux négociateurs ordinaires de l'amiral, Téligny et La Noue Bras-de-fer, comme on appelait celui-ci, depuis qu'il avait perdu un bras dans la dernière guerre, se rendit auprès du roi. Mme de Téligny serrait son mari contre son sein : « Vous partez en bonne et glorieuse compagnie, lui disait-elle, mais quand et comment reviendrez-vous ? »

Lorsqu'il revint à la Rochelle, aussi prestement que la chose fut possible, vu les grandes affaires qu'il était chargé de traiter, Téligny paraissait radieux.

« Le roi a grand désir de vous entretenir, monsieur, dit-il à l'amiral, et le comte Ludovic est parti bien content, étant assuré d'un important secours pour la guerre du prince son frère. Les Espagnols et les Guises ne sont nullement en faveur, et la reine mère s'en va criant que c'est assez guerroyé et qu'il est temps d'honorer et caresser ceux qui méritent honneur, de quelque parti qu'ils aient pu être autrefois. »

Coligny écoutait sans répondre, la tête appuyée sur sa main et ses yeux bleus pénétrants et clairs fixement attachés sur la figure animée du jeune négociateur. « Ah! elle crie! dit-il enfin, et comme réfléchissant toujours. Elle a donc bien bonne envie du mariage du petit roi de Navarre? Cela couperait l'idée d'Angleterre dans sa racine, et ferait désormais fuir le duc de Guise, qui tourne auprès de Mme Marguerite comme une guêpe sur la fleur. Et cette sotte de princesse de Portien qui est prête à le prendre, au

défi des paroles du prince son mari qui ne lui
interdit en mourant d'autre mariage que celui-là !
Le Biron m'a bien paru pressé de conclure lorsqu'il est venu en ce lieu, mais la reine de Navarre
n'a pas voulu l'écouter. Elle s'en va en Beauce,
auprès du roi son fils, pour l'entretenir et se tenir
en paix auprès de lui avant de donner sa réponse.
Il faudra bien de mon côté que je finisse par aller
entretenir notre petit roi. On le peut par aventure
détacher encore des ruses et tromperies de la
reine sa mère, qui est par-dessus toutes choses
amoureuse du duc d'Anjou. »

A ce nom de duc d'Anjou, les yeux de l'amiral
comme ceux de Téligny brillèrent d'un feu sombre,
car nul n'était plus détesté et redouté par ceux de
la Religion que ce prince brutal, perfide et cruel
qui devait bientôt s'appeler Henri III.

Coligny reprit en souriant : « Mme l'amirale n'a
désir de me voir à la cour ! dit-il à son gendre. —
Mais elle y est appelée comme vous, monsieur !
s'écria Téligny, et le roi lui a envoyé un sauf-con-
duit particulier, et aussi vous assure-t-il cinquante
gentilshommes armés pour votre garde, afin qu'ils
veillent à la sûreté de votre personne....

— Elle sera donc bien menacée, dit l'amiral en se levant vivement, comme pour couper court à l'entretien. J'irai, j'irai, je ne crains rien, je me fie en mon roi et en sa parole. Ce ne serait point vivre que vivre en telles alarmes. Mieux vaut mourir un brave coup que vivre cent ans en peur…. Cependant, ajouta-t-il après un moment de silence, Mme l'amirale ne partira pas encore à ce jour-ci. »

Jacqueline d'Entremonts insista en vain pour partager des périls qu'elle était venue chercher de si loin ; l'amiral tint ferme, lui représentant qu'il lui fallait laisser quelqu'un auprès de ses enfants et en la place de la Rochelle qu'avait quittée Jeanne d'Albret, et, la confiant à la garde du jeune prince de Condé, il partit à la fin d'août pour aller rejoindre la cour à Blois, où le roi venait d'arriver tout expressément pour s'entretenir à son aise avec M. l'amiral, loin de tous les guisards qui remplissaient Paris et les environs.

Malgré tout son ferme courage et le grand bonheur dont son cœur était rempli, Jacqueline d'Entremonts restait triste et grandement préoccupée. Lorsque l'amiral fut arrivé à Blois, il lui écrivait souvent, étant satisfait des dispositions du jeune roi, « qu'il voyait d'esprit paisible, ami du repos et de parole ouverte », lui semblait-il. Tant de confiance troublait sa femme, tout étrangère qu'elle fût depuis longtemps à la cour qu'elle n'avait fréquentée qu'en sa première jeunesse, dans la maison de M. du Bouchage, son beau-père. Le silence que celui-ci avait gardé, tant à l'occasion de son second mariage qu'en réponse aux réclamations de Coligny au sujet du douaire de la jeune veuve, avait donné lieu de penser à Mme l'amirale que son union avec Coligny avait valu à celui-ci de nouveaux ennemis et envieux, même parmi ceux de la Religion, et elle était si grandement tourmentée de cette crainte qu'elle en prenait la liberté de prémunir son mari contre les dangers qu'elle voyait surgir autour de lui de toutes parts. Le jeune prince de Condé pénétra ce souci de sa tante avec une sagacité au-dessus de son âge, et il écrivit lui-même à l'amiral :

« Mon oncle, j'ai été bien aise de connaître par vos lettres que vous n'avez rencontré aucun obstacle qui pût retarder votre voyage à la cour. Je le demande à Dieu qui sait que je le désire. Toutefois l'on m'a averti avoir ouï dire à M. le marquis... qu'il était fâché de vous y voir aller, car il pourrait vous en mal arriver. Je vous supplie de prendre garde à vous. Je sais bien que vous avez beaucoup d'amis et de serviteurs par delà ; mais, malgré cela, mon oncle, vous ne négligerez pas de pourvoir, comme vous savez bien le faire, aux avertissements que vous en recevrez, car on ne peut nullement douter que vous n'ayez encore là un grand nombre d'ennemis. Quant à moi, je ne manquerai jamais de vous avertir, sitôt que j'apprendrai qu'on en veut soit à vous, soit aux autres, et même quand il sera question de la cause générale, je vous informerai de tout. On m'a assuré aujourd'hui que le duc de Medina-Cœli, qui part d'Espagne pour aller en Flandre, a charge de faire quelque entreprise sur cette ville en passant ; et s'il y manque, le duc d'Albe, en s'en retournant, y fera de son mieux, avec congé du roi, à ce qu'on dit, aussi ai-je averti messieurs de cette ville d'y prendre garde, et de faire commandements aux hôteliers et taverniers de porter tous les soirs au maire les noms de leurs hôtes, et pour savoir ce qu'ils viennent faire ici. On regardera jusqu'aux vendangeurs, comme il en est besoin. Au demeurant, j'entretiens ma bonne tante paisiblement, ma cousine et mes petits cousins, et n'est guère de soirs que nous fassions ensemble une belle vie à notre gré en nous ébattant tout ensemble joyeusement pour tâcher de passer nos mélancoliques heures. Je vous prie, comme je vous écris de mes nouvelles, écrivez-moi aussi des vôtres, en quel espoir je me recommande à votre bonne grâce, suppliant le Créateur, mon oncle, qu'il vous ait toujours en sa sainte garde. »

Téligny avait naturellement accompagné son beau-père, connaissant à merveille le terrain mouvant de la cour, et personnellement en grande faveur auprès du roi, qui l'avait fait depuis longtemps gentilhomme de sa chambre. Il tenait sa femme au courant de tous les incidents du voyage, et lui racontait les détails qu'omettait Coligny dans les lettres tendres mais brèves qu'il écrivait souvent à Jacqueline.

« La première entrevue de monsieur notre père avec le roi a été dans la chambre de la reine mère, ma mye, écrivait Téligny à sa femme, celle-ci étant malade en son lit, de dépit, disent nos amis, d'avoir vu l'amiral arriver auprès du roi. A ce coup, il doit en être de même de M. le duc d'Anjou qu'on dit malade de la fièvre. Dès que le roi a vu M. l'amiral s'incliner pour lui embrasser les genoux, il lui a saisi la main, le relevant doucement en l'appelant son père, et l'a embrassé plusieurs fois. « Je n'ai « jamais vu un jour qui me fût plus agréable, a- « t-il dit, et j'espère à Dieu que c'est la fin de tous « nos troubles et guerres civiles. — Nous vous « tenons maintenant, a-t-il ajouté en riant, et vous « n'échapperez pas d'ici quand vous voudrez. »

« Je ne vous cacherai pas, mon cœur, que cette dernière parole a glacé le sang dans mes veines, et beaucoup donné à penser, mais le roi a comblé monsieur notre père de tant de caresses que je ne saurais croire qu'il lui veuille du mal. La reine mère, les ducs d'Anjou et d'Alençon nous ont accueillis assez humainement. »

Téligny restait cependant préoccupé, et lorsqu'il visita l'appartement destiné à l'amiral en la basse cour du château pour sa personne seule et sans aucune suite, il ne se fit faute d'avertir les cinquante gentilshommes de la Religion qui avaient accompagné Coligny qu'il ne pouvait être question de laisser ainsi M. l'amiral seul en un lieu qui deviendrait si aisément un coupe-gorge, en sorte qu'il fit aussitôt remplir toutes les salles et antichambres de paillasses afin de pouvoir tous coucher autour de leur chef et lui faire rempart de leurs corps si besoin était. Téligny et La Noue s'étaient placés en travers de la porte de sa chambre; aussi l'amiral fut-il bien surpris au matin, lorsqu'il voulut sortir de bonne heure, de voir tant de gens en sentinelle dans son logis. Il essaya en vain de les rassurer, disant qu'il était en la demeure du roi et n'avait rien à craindre de sa part, mais les réformés hochaient la tête : « D'autres y sont comme vous, monsieur, qui ne demanderaient pas au roi la permission de vous faire un mauvais parti », et La Noue ajouta : « Je suis bien informé d'ailleurs que le roi d'Espagne a fait savoir au roi « que ce serait « un acte de vrai courage et grand honneur pour « lui que de profiter de la présence de M. l'amiral « auprès de lui pour faire tomber la tête d'un si « exécrable personnage. »

Quelques-uns des réformés se récrièrent, d'autres se mirent à rire, mais l'amiral se contenta de hausser les épaules en disant froidement : « Le roi d'Espagne a grande raison de me haïr, car je lui fais et ferai tout le mal qui sera en mon pouvoir. »

Le jour même, les réformés étant un peu rassurés par le rétablissement de M. l'amiral dans toutes les charges, fonctions et honneurs dont il avait été privé, le jeune roi amena celui-ci dans son cabinet avant la séance du conseil privé et lui dit en propres paroles, après avoir parlé de l'entreprise qu'il comptait aider sur la Flandre :

« Mon père, il y a encore en ceci une chose à quoi il nous faut prendre garde : c'est que la reine ma mère, qui veut mettre le nez partout, comme vous savez, ne sache rien de cette entreprise, au moins quant au fond, car elle gâterait tout.

— Ce qui vous plaira. sire », répliqua l'amiral, qui avait quelque raison de douter qu'il fût possible de cacher longtemps cet important secret à la perspicace curiosité de Catherine de Médicis; « mais je la tiens pour si bonne mère et si affectionnée au bien de votre État que lorsqu'elle les aura elle ne gâtera rien. ce me semble. et nous pourra. au contraire. grandement aider; tandis qu'à le lui céler, j'y trouve de la difficulté et de l'inconvénient.

— Vous vous trompez, mon père, lui dit le roi; laissez-moi faire seulement. Je vois bien que vous ne connaissez pas ma mère, c'est la plus grande brouillonne de la terre. »

Les faveurs de tout genre dont le roi comblait les
gentilshommes de la suite de Coligny comme lui-
même, étonnaient et scandalisaient les guisards.
tandis que l'amiral, tout joyeux, écrivait à sa
femme : « Le roi m'a ordonné, ma mye, de réclamer et revendiquer tous les meubles, vaisselle et
objets précieux qui avaient été enlevés au pillage
de ma maison de Châtillon, en quelque lieu qu'ils
pussent se retrouver, de sorte que j'ai encore l'espoir
de vous amener dans ce dit lieu de mon enfance,
beau et paré comme il avait coutume de l'être du
vivant de ma défunte mère. » Les catholiques disaient entre eux et répétaient à la reine mère et au
duc d'Anjou qu'ils étaient si ébahis par les change-
ments survenus, qu'il leur devenait évident que
le roi allait se faire huguenot, ou pour le moins
favoriserait plus que jamais les gens de la Religion,
dont il paraissait affolé.

Ainsi pouvaient parler les amateurs entêtés de la
croix de Lorraine, ou serviteurs du roi d'Espagne,
à la cour du roi de France, mais les mieux instruits
ne s'y trompaient. sachant découvrir sous les cartes
la haine et jalousie qu'inspirait l'amiral de Coligny
à la reine mère et au duc d'Anjou, qui se voyaient

dépossédés et éconduits de la confiance du roi par
ce huguenot forcené qui le menait tout droit à sa
perte, pensaient-ils. Le duc de Montpensier, adversaire enragé des protestants à Jarnac et à Moncontour, et qui savait par sa propre pratique comment
on leur manquait de foi, se crut forcé, par un reste
de bienveillance personnelle, d'ouvrir les yeux à
l'amiral qui s'en allait tout droit à la boucherie, en
circulant sans gardes et sans suite dans la maison
du roi. Coligny le raconta ainsi en riant à Téligny
comme ils s'entretenaient le soir avant de se coucher, dans la chambre de l'amiral, dont son gendre
s'était entêté à garder lui-même la porte : « Je m'en
allais tout droit à la plate-forme passant par les
garde-robes à la chambre de la reine mère, lorsque
je rencontrai M. le duc de Montpensier sortant de
chez elle. Il est de la maison de Bourbon, et comme
tel a toujours eu quelque bienveillance pour moi.
J'aurais juré qu'il avait la larme à l'œil lorsqu'il me
dit : « Comment avez-vous si peu de soin de vous,
« monsieur, que d'aller ainsi tout seul ? Ne con-
« naissez-vous pas bien les gens auxquels vous
« avez affaire ? Passer ainsi tout seul en un lieu
« obscur, où, quand on vous aurait guetté et fait

« quelque mauvais tour, on ne ferait autre chose
« qu'accuser votre imprudence ? » Je le remerciai
très humblement », continua l'amiral comme s'il
n'avait pas senti le tressaillement du jeune homme
sur l'épaule duquel il s'appuyait, « et ne lui dis que
ce petit mot : « Je suis en la maison du roi. Il
commençait de s'emporter, comme je l'ai souvent
vu faire. et me dit plus haut que devant : « Oui,
« mais quelquefois le roi n'est pas le maître. Où
« sont vos gens? — Je les ai laissés, dis-je. en
l'antichambre du roi vers lequel j'espère retourner
par où je suis venu. — Je vous ferai donc la
conduite », dit-il, et comme la reine mère entr'ouvrait sa porte pour demander qui se querel-
lait en sa garde-robe, il me fit entrer chez elle, et
me dit ensuite qu'il allait faire appeler mes gens, ce
qu'il fit. Alors seulement, quand ils furent arrivés,
le bon duc continua son chemin. N'écrivez pas ceci
à Louise, mon fils, ajouta Coligny ; qu'elle le dît à
Mme l'amirale ou le gardât pour elle, ce serait un
redoublement de craintes, et nous ne tarderons pas
à les voir, puisque le roi les veut toutes deux faire
venir céans. »

Téligny soupira, incapable de se refuser à la joie

que lui promettait la présence de la jeune femme,
dont il était aussi fier qu'amoureux, et cependant
poursuivi de tant d'inquiétude qu'il ne laissait plus
son beau-père circuler dans les rues de Blois ou
les galeries du château sans l'accompagner lui-
même ou le faire suivre par les plus résolus de ses
gens. Je serais un criminel d'État, comme quelques-uns pensent que je le suis, que je ne serais
pas mieux gardé ni plus à vue », disait quelquefois l'amiral, plus importuné qu'il ne le laissait
paraître par ce redoublement de sollicitude chez ses
serviteurs.

Le moment de la réunion approchait, car Jacqueline d'Entremonts et Louise de Téligny, soigneusement accompagnées par les valets de
chambre que le roi avait dépêchés au-devant
d'elles, arrivèrent le 6 octobre au château de Blois,
ayant voyagé « avec les commodités dues aux
dames de telles vertu et qualités », disait le sauf-
conduit royal, et elles furent aussitôt présentées au
roi et à la reine mère qui leur firent bon accueil.
La jeune reine, Élisabeth d'Autriche, bonne et
simple, sans influence sur son mari et sans autorité
au milieu d'une cour dont la corruption l'épou-

vantait, s'attacha sur-le-champ à la fille de l'amiral dont la vivacité franche l'amusait et l'égayait et dont elle admirait avec étonnement le jeune et résolu courage.

« Vous êtes venue de la Rochelle toute seule avec Mme l'amirale, disait-elle. et vous n'avez pas craint d'être arrêtée en route par quelque parti de coureurs qui n'auraient pas fait cas de votre état et qualité, pourvu qu'ils pussent piller vos coffres et bagues ! demanda-t-elle. Mais Louise souriait :

— J'ai traversé le pays en état moins paisible qu'il n'est à ce jour, dit-elle, et je n'avais pas quatorze ans quand je chevauchais à côté de mon père de Noyers à la Rochelle, étant à chaque heure du jour et de la nuit en péril de notre vie.

— Ah ! mais vous étiez avec lui, et non tenue d'ordonner la marche !

— Ah ! quant à ordonner, c'est Mme l'amirale qui a pris ce soin : s'étant enfuie des États du duc de Savoie pour venir trouver mon père à la Rochelle. sans autre garde d'abord que cinq arquebusiers allemands ; elle n'est pas gênée par de vaines terreurs, et les gentilshommes du roi n'avaient garde de ne pas lui obéir. Elle ferait vraiment un bon chef d'armée. »

La reine s'était rapprochée de Louise.

« Mme l'amirale me fait peur, dit-elle tout bas. Depuis qu'elle est céans et même en présence du roi, elle n'a pas quitté des yeux M. son mari, comme si elle craignait de se le voir enlever par quelque magicien ou sorcier. Elle ne se plaira guère en ce lieu si elle fait telle vigilance. »

Louise rougit, comme étonnée de la naïve observation de la reine.

« Les magiciens et sorciers que redoute Mme l'amirale sont de chair et d'os comme les autres hommes et se servent d'armes charnelles, dit-elle d'un ton sévère qu'Élisabeth s'étonnait d'entendre sortir de ces lèvres naguère si joyeuses, mais elle ne connaît pour la défense de monsieur mon père qu'un ancien remède qui s'appelle prière. »

La princesse allemande avait été élevée dans une piété simple et fervente. A ces mots de Louise de Coligny, elle fit le signe de la croix, murmurant tout bas quelques paroles d'invocation ; puis, se retournant vers la jeune femme, elle dit avec une dignité modeste qui désarma aussitôt Louise :

« Moi aussi, je prie Dieu pour la paix et le bonheur du roi au milieu de ses fidèles sujets. »

« Je ne voudrais pas être à la place de Mme la reine », dit le soir la fille de Coligny à son mari.

L'amiral avait emmené sa femme et sa fille à Châtillon, où ses jeunes enfants l'avaient devancé avec leur fidèle Lagresle, et chacun s'occupait de faire disparaître les traces du dégât et du pillage qu'avaient subis le château et la ville. Le roi s'en était allé à la chasse, mais MM. de Guise projetaient ouvertement de venir avec leurs amis attaquer l'amiral à Châtillon même. Coligny commençait à rassembler de son côté ses partisans les plus fidèles, lorsque les menées hostiles des Guises s'arrêtèrent. Catherine de Médicis avait besoin de l'amiral pour mener à bien le mariage de sa fille avec le roi de Navarre. Ce n'était point le temps de l'alarmer.

La vie s'écoulait doucement à Châtillon où Jacqueline d'Entremonts se réjouissait de retenir son mari en sûreté ; seule Louise se lamentait parfois tout bas, car son mari étant l'intermédiaire attitré entre l'amiral et le roi, il était constamment en voyage et demeurait plus longuement à la cour

qu'auprès de sa femme. C'était une des tendres
préoccupations de son père de ramener Téligny à
Châtillon, et lorsqu'il le chargeait d'aller dire au
roi :

N'eût été la promesse que j'avais faite à Votre
Majesté en partant de Blois, j'avais bien moyen de
tirer de peine ceux qui disaient qu'ils me vien-
draient assiéger en ma maison, et de faire la
moitié du chemin au-devant d'eux, ne les ayant
ainsi ni bravés ni menacés , il ajoutait aussitôt :

Mon fils Téligny vous dira le reste de bouche,
mais comme je sais qu'il a affaire chez lui, étant
nouvellement en ménage, qu'il plaise à Votre
Majesté de lui donner bientôt congé.

Ce fut au commencement de janvier 1572 que
l'amiral fut informé par Jeanne d'Albret qu'elle se
disposait à venir traiter et résoudre la question du
mariage du prince de Navarre avec la princesse
Marguerite. Il fut aussitôt rappelé à la cour, qui se
tenait alors à Blois, chassant pour ainsi dire le
légat du pape qui avait hâté sa marche pour
devancer la reine et l'amiral, afin d'apporter tous
les obstacles possibles au mariage projeté. Le légat
repartit sans avoir réussi dans sa mission, et sur ses

pas la reine de Navarre et son fidèle conseiller l'amiral de Coligny arrivèrent à Blois en compagnie du comte Louis de Nassau et du jeune prince de Condé qui allait, lui aussi, se marier, épousant la demoiselle de Clèves, dans l'enfance élevée par la reine de Navarre qui lui était tendrement attachée. Les négociations allaient leur train, difficiles et compliquées, entre les deux reines.

« Je n'ai aucune liberté de parler au roi ni à Madame, écrivait Jeanne d'Albret à son fils encore en Béarn, mais seulement à la reine mère qui me traite à la fourche; elle ne fait que se moquer de moi et s'en va dire à chacun le contraire de ce que je lui ai dit, ce qui fait que mes ennemis m'en blâment et je ne sais comment démentir la reine. J'ai la plus belle patience dont vous ouïtes jamais parler, mais je m'ébahis de pouvoir porter les traverses que j'ai, car l'on me gratte, l'on me pique, l'on me flatte, l'on me brave, et l'on veut me tirer les vers du nez sans me laisser aller. »

A la fin, le roi Charles IX commença de s'impatienter aussi et dit à la reine de Navarre : « Ma tante, je vous honore plus que le pape, et aime ma sœur plus que je ne le crains. Je ne suis pas huguenot, mais je ne suis pas sot non plus. Si monsieur le pape fait trop la bête en nous faisant attendre la dispense, je prendrai moi-même Margot par la main et la mènerai épouser en plein prêche. »

Au travers de cette négociation de famille, dont il était un des conseillers les plus actifs, l'amiral poursuivait sa grande affaire d'engager le roi et la France contre le roi d'Espagne, au secours des réformés des Pays-Bas et de leur glorieux chef, Guillaume le Taciturne; il pressait Charles IX d'adresser à Philippe II une déclaration de guerre au moment où Louis de Nassau se jetait dans Mons menacé par le duc d'Albe. Le comte avait obtenu un premier secours des réformés et il n'avait plus rien à faire à la cour de France, car la princesse qu'il assistait de ses conseils dans l'intervalle de ses grandes et secrètes négociations, n'était plus là pour les recevoir. A peine arrivée à Paris, où elle avait été attirée pour hâter les préparatifs des noces, Jeanne d'Albret était morte.

Dès qu'elle se sentit malade, et en dépit des paroles rassurantes qu'on lui prodiguait, la reine de Navarre comprit qu'elle était frappée à mort.

« Elle vit bien qu'il lui fallait entrer en l'autre vie et se préparait à recevoir de la main de Dieu ce qu'il lui plairait ordonner d'elle ; elle fit appeler auprès d'elle, avec les ministres dont elle avait fait grand état, l'amiral de Coligny, auquel elle confia les dernières préoccupations maternelles que dominait son inébranlable foi aux promesses de Dieu. »

« Elle m'a dit ne se point soucier du tout de la vie, en son particulier, écrivit l'amiral à sa femme, car elle ne cessait d'offenser son Dieu tandis qu'elle était en cette chair, mais qu'elle ne se pouvait empêcher de regarder à la jeunesse des enfants qu'il lui avait donnés et qui allaient être sitôt privés de sa présence. « Toutefois, m'a-t-elle « ajouté, je m'assure que Dieu leur sera père et « protecteur comme il a toujours été avec moi « dans mes plus grandes afflictions, de sorte que « je les remets entièrement à sa providence qui « y pourvoira. Vous ne les abandonnerez pas, « monsieur l'amiral, et veillerez sur eux par l'aide « de Dieu ; je m'en tiens pour bien assurée. »

L'amiral avait les larmes aux yeux lorsqu'il quitta le chevet de la reine de Navarre. Le 9 juin, cinq jours après s'être alitée, elle était morte.

« La reine de Navarre a été empoisonnée ! » tel fut le cri qui s'éleva parmi les huguenots. L'amiral seul n'y donna pas créance. Il était pour lors absorbé par les grandes affaires de l'État, et toute la tristesse qu'il éprouvait de la mort de la reine Jeanne ne le pouvait détourner du dessein qui devait enlever le roi et la France aux Guises pour assurer à ce royaume, par un secours mutuel des réformés et du roi Charles IX, cette prépondérance en Europe que l'Espagne possédait depuis Charles-Quint. Le jeune roi semblait enfin complètement gagné à la confiance. Téligny lui avait puissamment servi et l'amitié que le roi avait pour celui-ci allait croissant.

« Veux-tu que je te dise? s'écria un soir Charles IX dans la privauté de son cabinet, lorsque la reine sa mère avait cessé de l'obséder de sa présence : je me défie de tous ces gens-ci : l'ambition de Tavannes m'est suspecte; Vieilleville n'aime que le bon vin; Cossé est trop avare; Montmorency ne se soucie que de la chasse et de la volerie; le comte de Retz est Espagnol; les autres seigneurs de ma cour et de mon conseil ne sont que des bêtes; mes secrétaires d'État, pour ne rien céler de ce que j'en pense, ne me sont pas fidèles, si bien qu'à vrai dire je ne sais par quel bout commencer. "

Téligny se prit à rire : " Confiez-vous en nous, sire, nous vous sommes fidèles jusqu'à la garde, et l'amiral, mon bon père, que vous honorez parfois de ce nom, est le plus Français des Français jusqu'au fond du cœur, qui n'aspire qu'à faire Votre Majesté le plus grand monarque du monde.

— Je le sais, je le sais, et le jeune roi appuyait amicalement sa main sur l'épaule de Téligny, mais il y a toujours par là ma mère et mon frère d'Anjou. Je te dis que je ne sais par quel bout commencer. Sais-tu ce que m'a dit Tavannes l'autre jour, comme je parlais de tes amis de la Religion qui étaient prêts à me suivre dans les Pays-Bas, à ce que m'assurait l'amiral? « Sire, celui de vos sujets « qui vous tient de telles paroles, vous lui devriez « faire trancher la tête! Comment vous offre-t-il « ce qui est à vous? C'est signe qu'il a gagné et « corrompu ces gentilshommes dont il parle et « s'est fait chef de parti à votre préjudice. Il a « rendu vos sujets les siens pour s'en servir au « besoin contre vous. » Et Charles IX regardait fixement Téligny comme pour lire dans son cœur si ces paroles de Tavannes ne contenaient pas quelque vérité.

Téligny riait toujours : « Ah! sire, dit-il, il a dû vous parler de cette façon dans la colère d'une riposte que lui avait faite M. l'amiral; comme Tavannes faisait l'insolent, disant qu'il ne lui plaisait pas que les vaincus conduisissent les victorieux selon leurs desseins, mon père lui a reparti tout d'une haleine : « Qui empêche la guerre d'Es- « pagne n'est pas bon Français et a la croix rouge « dans le ventre! »

— Et par ma foi, ton père a raison, s'écria le jeune roi tout à coup confirmé dans son penchant de confiance. Nous irons dans les Pays-Bas, qui seront réunis, et les huguenots m'y viendront en aide à leur gré. J'aime le comte Ludovic et voudrais savoir comment il passe son temps à Mons. »

CHAPITRE VI

L'amiral était malade à Paris; Téligny le soignait, ayant appelé auprès de lui sa femme, lasse de la longue séparation que lui avaient imposée les graves négociations que suivait son mari. Mme l'amirale n'avait pas pu venir, chargée qu'elle était de la direction de la maison et des enfants; elle était constamment retenue au logis par quelque affaire, si bien qu'elle ne pouvait même pas visiter à Montargis la duchesse de Ferrare, pour laquelle elle éprouvait autant d'attrait que de reconnaissance, en souvenir de la part que celle-ci avait prise à son mariage. Elle lui écrivait le 30 juin :

« Il me semble, madame, que ce m'est une peine insupportable de me sentir si près du lieu

où vous êtes et d'être privée des moyens de vous
baiser les mains ; mais s'il plaît à notre Seigneur
de m'en donner quelque jour la commodité,
assurez-vous, madame, que je vous irai faire tant
de service que vous aurez occasion de me tenir
pour la plus affectionnée et obéissante servante que
vous ayez. Il me semble, madame, que je ne dois
pas manquer de vous avertir que M. l'amiral a eu
cinq accès de fièvre tierce ; mais, grâce à notre Seigneur, il est guéri, et je pense qu'il l'eût été plus tôt
sans une infinité de rompements de tête qu'il a
tous les jours pour les affaires de la Religion et du
royaume. »

Les « rompements de tête » étaient grands, en
effet, car M. de Genlis, ramenant à Louis de Nassau
des secours qu'il était venu solliciter de la part de
celui-ci, mal dirigé et imprudemment engagé dans
un pays inconnu, avait été arrêté par les Espagnols,
jeté dans une prison où il ne devait pas tarder à
expirer, et ses troupes taillées en pièces ou tortu-
rées odieusement ; le roi s'était emporté et, malgré
les conseils de sa mère trop heureuse d'un prétexte
pour désavouer Genlis et Louis de Nassau, il allait

céder complètement aux prières de l'amiral de Coligny et s'engager contre l'Espagne. L'amiral était à Châtillon, où il se remettait lentement de son état de souffrance, lorsque la reine Catherine, en route pour aller au-devant de sa fille, la duchesse de Lorraine, tombée malade sur le chemin de Paris, revint promptement sur ses pas pour arrêter les préparatifs guerriers dont elle était traîtreusement avertie.

La jalousie avait depuis longtemps mordu au cœur la reine mère à l'égard de l'influence de l'amiral sur le jeune roi, mais cette fois elle se sentit brûlée « en dedans et en dehors » et elle résolut de tout entreprendre pour se défaire de son ennemi. Le roi chassait à Montpipeau, en Brie, lorsqu'il vit arriver sa mère qui, s'enfermant aussitôt avec lui dans son cabinet, se mit à fondre en larmes, disant : « Je n'eusse jamais pensé qu'après avoir pris tant de peine à vous élever et vous avoir conservé la couronne, que les huguenots et les catholiques vous voulaient ôter, vous me récompenseriez si misérablement, moi qui suis votre mère, que de vous cacher de moi pour prendre conseil de vos ennemis. Laissez-moi donc me retirer au lieu de ma naissance et éloignez de vous votre frère qui est assez malheureux d'avoir exposé sa vie pour vous contre ces huguenots qui ne veulent point la guerre d'Espagne, mais celle de France! »

Le roi était consterné ; son esprit rapide et versatile commençait à voir les divers côtés de la question avec une effrayante réalité; il s'étonnait d'ailleurs de savoir ses secrets pénétrés et découverts au point d'attribuer à sa mère quelque pouvoir magique. Lorsqu'ils se séparèrent, il avait tout avoué, mais il hésitait encore à renoncer à ses ambitieux desseins. La reine mère résolut de frapper le grand coup. La mort de l'amiral fut décidée.

Coligny cependant, apprenant à Châtillon le changement subit du voyage de la reine mère, conçut aussitôt la pensée de courir à la rescousse de la faiblesse et de la jeunesse du roi aux prises avec un si redoutable adversaire que Catherine de Médicis. Dans cette lutte terrible sur l'enjeu d'une volonté indécise et subtile. la présence réelle des deux joueurs pouvait faire gagner ou perdre la partie. L'amiral entra dans la chambre de sa femme qu'une grossesse déjà assez avancée retenait souvent dans son lit.

« Ma mye, lui dit-il, les dépêches que m'apporte le courrier qui vient d'arriver m'obligent à partir. La reine mère est allée tomber à Montpipeau sur notre pauvre petit roi; elle va le rendre fou et lui faire perdre la tête, si je ne vais le secourir. Je cours à lui, et ne le quitterai plus avant que notre grand dessein soit si avancé que nulle volonté humaine ne le puisse rompre. J'aurais mieux fait de ne pas venir céans ces quelques jours.

— Ah! monsieur, ne parlez pas ainsi, et Jacqueline d'Entremonts, pâle et fatiguée, se dressait sur ses oreillers en joignant les mains. Vous êtes venu pour nous voir et me visiter dans ma faiblesse; je ne m'en saurais consoler si quelque mal en était survenu pour vos desseins. Permettez-moi seulement de vous suivre à Paris.

— Vous ne le sauriez faire, ma mye, et votre santé en pourrait souffrir comme celle de l'enfant que vous portez. Je ne tarderai pas à vous donner de mes nouvelles, et je me fais fort, avec l'aide de Dieu, de servir de rempart à mon petit roi contre les importunités et adresses de sa mère, si bien qu'il reprendra bientôt les projets qui le charment et le séduisent au fond très grandement. »

Mme l'amirale avait courbé la tète, sachant bien que son mari parlait sagement, mais Louise de Téligny, plus jeune et mieux portante, n'admettait pas en sa personne le même arrêt. Elle était résolue à ne point quitter M. de Téligny qui s'en allait chevaucher avec l'amiral dont on apprêtait déjà les équipages, et elle voulait assister aux noces du roi de Navarre avec lequel, dès la première jeunesse de tous deux, elle avait lié grande amitié pendant qu'ils étaient à la Rochelle. Téligny avait cédé, et comme l'amiral hochait la tète :

« Elle prendra soin de vous si vous vous trouviez de nouveau indisposé comme le mois dernier, monsieur, dit-il. Vous souvient-il pas comme nous étions embarrassés de ne point avoir de femme en notre logis ? »

L'amiral se mit à rire. « On voit, dit-il, que vous avez été dès longtemps instruit à chercher et à donner des raisons, bonnes ou mauvaises ; je voudrais bien savoir à quel moment vous avez pensé à ma santé pendant que Louise vous enlaçait de ses caresses et de ses prières ? Dans tous les cas, elle ne saurait partir dans une heure avec nous. On ne va pas à la noce sans parures.

— Les parures suivront, monsieur mon père, s'écria Louise qui entra à l'heure même, toute vêtue de ses habits de cheval. D'ailleurs, il me faudra pourvoir à Paris pour être digne de paraître à la suite de Madame Marguerite. Les modes d'hier ne sont plus celles d'aujourd'hui au pays de la cour ! »

Coligny regardait son gendre d'un air moitié moqueur, moitié compatissant. « Elle vous ruinera, mon fils, dit-il, et je serai obligé de payer ses atours. J'embrasse Mme l'amirale et je reviens. Les chevaux sont déjà dans la cour ! »

Jacqueline d'Entremonts était suspendue au cou de son mari. « Ah ! que le Seigneur vous ait en sa garde ! en sa garde ! répétait-elle d'une voix entre-coupée par les sanglots ; pourquoi faut-il que je ne puisse chevaucher pour vivre ou mourir avec vous ! J'en saurai toujours mauvais gré à ce pauvre enfant qui me retient !

— Dieu me gardera pour revenir bientôt près de vous, ma mye, avant que l'enfant ait ouvert les yeux à la lumière et que je marche sur les Pays-Bas avec nos gens, dit l'amiral qui commençait lui-même à s'émouvoir du désespoir de sa femme.

Où est votre courage? Où est la foi qui vous a soutenue en vos chagrins passés? Ne savez-vous plus que Dieu règne? »

Il la baisait encore au front en parlant ainsi et déliait doucement les bras qui le retenaient. Mme l'amirale respirait à peine et retomba évanouie sur ses coussins. Lorsqu'elle revint à elle, rouvrant des yeux baignés de larmes, le cortège de son mari avait déjà traversé la ville de Châtillon et gagnait la campagne.

L'amiral causait doucement avec sa fille, encore touché qu'il était des pleurs de Jacqueline, et Téligny souriait en entendant le petit accent de triomphe qui vibrait involontairement dans les réponses de sa femme, fière et heureuse d'accompagner ceux qu'elle aimait dans un lieu qu'on pouvait croire périlleux, lorsqu'une paysanne des environs de Châtillon, naguère nourrice d'un des fils de l'amiral, s'en vint se jeter devant son cheval et saisissant ses genoux comme pour l'arrêter au risque de sa vie :

« Ah! notre bon maître, s'écria-t-elle, où vous allez-vous perdre? Je ne vous reverrai jamais si vous allez à Paris, car vous y mourrez, vous et tous

ceux qui seront avec vous. Au moins, au moins...
et les larmes lui coupaient la voix, si vous n'avez
pitié de vous-même, avez pitié de madame, de vos
enfants et de tant de gens de bien qui périront
comme vous, à votre suite et occasion!

— Vous n'êtes pas bien sage, ma bonne Jeanne,
dit l'amiral avec bonté, tout en cherchant à dégager
les rênes de son cheval que la paysanne retenait de ses mains crispées. Je vais où mon devoir
m'appelle et vous savez bien que Dieu garde ses
serviteurs. »

Mais Jeanne n'était plus en état d'entendre les
meilleures raisons et se jetant sur le cheval de
Mme de Téligny : « Ah ! mademoiselle, s'écria-
t-elle, puisque vous voilà céans avec monseigneur,
faites-le donc retourner bride avec vous vers le
château, où madame pleure, bien sûr, à se fendre
le cœur, et ne le laissez pas aller à Paris, car s'il
y va, je suis bien assurée en mon esprit qu'il n'en
reviendra pas et sera cause de la mort de plus de
dix mille hommes après lui. »

Louise avait pâli, en dépit de son ferme courage,
et elle se penchait sur sa selle pour interroger la
bonne Jeanne qui répétait : « Je le sais, Dieu me

l'a montré », lorsque l'amiral mit la main sur celle de sa fille :

« C'est assez, dit-il. d'un accent d'autorité auquel personne autour de lui n'avait jamais résisté. Je suis prêt d'aller à la mort dans Paris ou ailleurs, si c'est la volonté de Dieu et pour son service, mais il garde ceux qu'il aime de son bras tout-puissant. Laissez-nous passer, bonne Jeanne ! »

Les bras de la paysanne étaient retombés à ses côtés, elle fléchit les genoux, au milieu des chevaux de l'escorte, et dans la poussière du chemin se mit à prier Dieu pour ceux qui s'éloignaient au grand pas de leurs coursiers, se hâtant au-devant de la mort qu'elle voyait déjà planer sur leurs têtes.

L'amiral était à peine arrivé à Paris que le roi réunit son conseil :

« Pas de robes longues. sire, implorait Coligny, ils ont tous horreur de la guerre, à laquelle ils n'ont point de part, et d'ailleurs l'ombre seule du roi d'Espagne leur fait peur!

— Pas de robes longues, vous avez raison, mon bon père, repartit Charles IX, mais Nevers, Cossé, qu'en dites-vous?

— J'aimerais mieux que nous eussions la chose entre nous, et sans qu'aucun bavard s'y vienne mêler, mais nous viendrons bien à bout de mes deux vieux compagnons Nevers et Cossé. »

Le roi avait rougi, troublé de voir Coligny convaincu, en apparence du moins, que la guerre avec l'Espagne lui restait aussi chère qu'à son fidèle conseiller. « J'ai parlé à ma mère », commençait-il, mais bientôt il se tut, résolu à fermer son âme à l'influence qu'il sentait déjà prête à le gagner de nouveau. « A ce soir, au conseil, monsieur l'amiral ! » dit-il d'une voix sèche qui parut de mauvais augure au sage politique.

« La brouillonne l'a reconquis ! » pensait Coligny avec tristesse en sortant du Louvre.

La reine mère assistait au conseil, et toutes les raisons de Coligny, celles qu'il pouvait donner en sa présence, toute l'éloquence de son zèle patriotique, vinrent expirer sans force devant les habiletés préparées par Catherine de Médicis. Personne ne soutenait d'ailleurs son ardent plaidoyer, pas même le roi qui semblait décidé à fermer les yeux à cette vision de gloire et de puissance françaises que l'amiral avait fait luire devant ses yeux. L'idée de la guerre avec l'Espagne fut décidément repoussée par tous les conseillers. Coligny avait jusqu'alors discuté, assis suivant l'usage dans le conseil royal, mais se levant son chapeau à la main, comme pour se retirer, il se retourna vers le roi : « Sire, dit-il, puisque l'avis de ces gens-ci a persuadé à Votre Majesté qu'il ne fallait pas saisir une occasion si favorable à votre service et à votre grandeur, je ne puis plus m'opposer à votre volonté, mais je suis certain que vous vous en repentirez. Quoi qu'il en soit, Votre Majesté ne trouvera pas mauvais qu'ayant promis appui et secours au prince d'Orange, je m'efforce de les lui fournir, à l'aide de tous mes amis, parents et serviteurs, et même de ma personne, s'il en est besoin ! » Puis se redressant subitement en face de la reine mère, comme s'il lisait le défi sur son impassible visage : « Madame, dit-il, le roi se refuse à entreprendre une guerre : Dieu veuille qu'il ne lui en survienne pas une autre dont il ne sera peut-être pas en son pouvoir de se retirer ! »

« Je crois vraiment qu'il m'a menacée ! » dit la reine à son fils lorsque l'amiral eut quitté la salle du conseil, et le roi s'empressant d'expliquer les paroles de l'amiral, dont le noble discours avait réveillé l'écho engourdi de son âme, Catherine reprit entre ses dents : *Cito fac quod est faciendum !* appliquant à la mort de l'amiral le congé fatal de Notre Seigneur à Judas Iscariot. Perfide et cruelle, elle se hâtait, sur les traces de l'apôtre infidèle, de trahir le serviteur comme il avait naguère livré le Maître !

Seul avec l'amiral, dans sa chambre, le lendemain matin, le roi l'autorisa pleinement à seconder personnellement et de tout son pouvoir le prince d'Orange à la tête des réformés des Pays-Bas et il ajouta tant de bonnes paroles et assurances à l'endroit de ceux de la Religion que Coligny était tout joyeux lorsqu'il rejoignit Téligny avec sa fille.

« Le roi m'a dit qu'il donnait sa sœur, non tant pour femme au roi de Navarre que pour arrhe de sa foi à tous les huguenots, raconta l'amiral à ses enfants, afin de se mieux marier avec eux, et leur donner le gage assuré de toute confiance ; par conséquent qu'on ne me parle plus de péril, de sinistres projets et de quitter Paris au plus vite. On n'aurait jamais de repos ici-bas, si l'on voulait interprêter d'une manière funeste toutes les plus petites occurrences, comme celle de ce nouveau-né tué sur le sein de sa mère au moment où il allait être baptisé au prêche; il vaudrait mieux mourir cent fois qu'avoir ainsi un perpétuel soupçon. surtout contre ceux qui possèdent sur nous la puissance. Je suis las de pareilles alarmes et mes vieilles années n'ont été que trop remplies de semblables frayeurs. Je vous dis que j'ai assez vécu s'il faut vivre à ce prix. "

C'était un des attraits qui avait dès sa petite jeunesse gagné le cœur de l'amiral à M. de Téligny que le charme d'un caractère affectueux et confiant. Le roi avait toujours été particulièrement bon pour Téligny et se trouvait aussi éloigné de tout soupçon à son égard que Téligny lui-même, et celui-ci encouragea son beau-père à rejeter derrière lui tous les sombres avis qui lui arrivaient des Églises :

" Ces trembleurs vous empêcheraient de rien faire, dit-il; qu'ils s'enrôlent dans le corps destiné à M. le prince d'Orange, et lorsque celui-ci sera maître des Pays-Bas, cela nous viendra en si grande aide en France que le roi reviendra peut-être à sa pensée première d'une guerre contre l'Espagne. »

Malgré sa jeunesse, Louise était moins confiante ; dans ses très courts séjours à la cour, elle avait parfois saisi sur les traits de Catherine comme dans les yeux du duc d'Anjou des éclairs de haine qui l'avaient fait trembler, car elle comprenait bien qu'ils s'adressaient à son père.

« Le roi me fait toujours penser à ceux que le démon possède parfois, disait-elle à Téligny, et le démon c'est la reine mère. »

Sur ce point, Téligny était assez de l'avis de sa femme, mais il répétait souvent : « Les démons peuvent être chassés. » Louise ne voyait pas encore Catherine de Médicis retournée à Florence.

Des bruits sinistres continuaient cependant à courir par toute la France, chez les réformés comme un signe d'effroi et de défiance, chez les catholiques comme la menace et le gage précurseur de quelque triomphe. Ainsi qu'en une tempête la mer s'agite d'avance elle-même avant que le vent soit levé, y avait-il déjà en l'esprit de beaucoup de gens quelque horreur du coup qui se préparait. Parmi les seigneurs et les dames de la Religion partant de leurs maisons pour aller assister aux noces du prince de Condé et à celles du roi de Navarre, plusieurs furent avertis de n'y point aller, comme l'avait été l'amiral à son départ de Châtillon, et on leur mettait de tous côtés en avant la sentence de Salomon : « Qui aime le danger y périra ! » mais le visage du roi trompait tout le monde.

Les deux fiancés venaient d'arriver à Paris sur l'avis de l'amiral, et le mariage du prince de Condé avait été aussitôt célébré ; le 18 août, c'était le tour du roi de Navarre. Les caresses de la reine mère dépassèrent toutes les bornes ; il semblait qu'Henri de Bourbon fût son propre fils, qu'elle donnât par choix à une princesse de sa parenté. Devant l'autel, cependant, comme une marque silencieuse de la division profonde entre les deux nouveaux époux, le roi de Navarre avec tous ses seigneurs protestants, quitta l'église Notre-Dame, entrant à l'Archevêché, jusqu'à ce que la messe fût achevée. Lorsqu'il rentra dans le vaste vaisseau rempli par la cour tout entière, l'amiral de Coligny le suivait, et se tournant vers M. de la Rochefoucauld marchant à côté de lui : « Dans peu, dit-il, à demi-voix, on arrachera tous ces drapeaux-là, — il montrait les enseignes prises aux réformés à Jarnac et à Moncontour — et on en mettra d'autres à leur place qui seront plus agréables à voir. » Au même moment le jeune roi de Navarre embrassait sa nouvelle épouse, belle et élégante, mais qui ne marquait nullement la timidité joyeuse qui appartient en ce jour aux jeunes filles, et le magnifique cortège se reformant derrière le roi et les princes se rendit à l'Archevêché où le dîner était servi. Les festins et les danses se continuèrent fort avant dans la nuit.

Les divertissements de ce genre n'étaient pas le fait de l'amiral qui laissa Louise avec son mari, enchantée d'une pompe qu'elle n'avait jamais contemplée de sa vie. Il rentra dans son hôtel de la rue de Béthisy, et se dépouillant des habits de fête qui ne lui étaient plus familiers, il s'assit pour écrire à sa femme, seule à Châtillon, veillant sur ses enfants :

« Ma mye, je vous fais ce mot de lettre pour vous avertir que ce jourd'hui ont été faites les noces de Madame, sœur du roi, et du roi de Navarre. Il se passera trois ou quatre jours à festins, masques

et combats. Après cela. le roi m'a assuré et promis
de me donner quelques jours pour mettre ordre à
plusieurs plaintes qui se font en divers endroits
du royaume au sujet d'infractions à l'édit; à quoi
il est bien raisonnable que je l'emploie, autant
qu'il me sera possible, bien que j'aie infiniment
envie de vous voir; j'aurais grand regret et vous
aussi, je crois, si je manquais à m'employer en telle
affaire de tout mon pouvoir. Cela ne retardera pas
cependant tellement le départ de cette ville que la
cour n'en déloge, à ce que je pense, au commencement de la semaine prochaine. Si je ne regar-
dais que mon contentement. j'aurais plus de plaisir
de vous aller voir que je n'ai d'être en cette cour
pour beaucoup de raisons que je vous dirai, mais
il faut avoir plus d'égard au public qu'au particulier. J'ai plusieurs autres choses à vous dire quand
je vous pourrai voir, ce dont j'ai si bonne envie
qu'il ne faut pas que vous pensiez que j'y perde un
jour ni une heure. Ce qui me reste à vous dire,
c'est qu'il était aujourd'hui quatre heures après
midi avant que la messe de la mariée fût dite.
Cependant le roi de Navarre s'est promené en une
cour avec tous ceux de la Religion qui l'accompa-

gnaient. Il s'est passé plusieurs petites particularités que je remettrai à vous conter jusqu'à ce que je vous voie. Et sur ce, je prie Dieu, ma fille, ma mye, qu'il vous ait en sa sainte protection et garde.

« De Paris ce 18 aoust 1572.

« Mandez-moi comment se porte le petit ou la petite.

« Il y a trois jours que j'ai eu de la colique, partie venteuse, partie graveleuse, mais, grâce à Dieu, elle n'a pas duré plus de huit ou dix heures. et maintenant je ne m'en ressens nullement. Je vous assurerai que je ne ferai pas grande presse à tous ces festins et combats qui se feront ces jours-ci.

« Votre bien bon mari et ami,

« CHATILLON. »

Pendant que se continuèrent les fêtes de la cour, un gentilhomme qui avait déjà sur les mains le sang de M. de Mouy, l'un des personnages les plus considérables de la Religion, et qui avait été son bienfaiteur, prenait secrètement le chemin de Paris appelé par l'ordre de la reine mère et du duc d'Anjou qui lui avaient déjà donné leurs instructions pour le meurtre de l'amiral. Leur dessein était de faire tomber le soupçon de l'attentat sur les Guises, et dès que Maurevel fut arrivé à Paris, ce fut dans la maison de l'un de leurs gens que ce misérable fut caché. Le roi, soigneusement tenu à l'écart de tous ces complots, avait rappelé à l'amiral sa promesse de ne se point quereller avec les Guises.

« Ils m'en ont promis autant, dit-il, mais je n'ai pas tant de foi à leur parole qu'à la vôtre, d'autant qu'ils sont venus ici bien accompagnés. Si nous faisions venir autour du Louvre certains de mes arquebusiers : qu'en pensez vous ? »

L'amiral, fort touché de ce propos, et bien instruit des noms des capitaines, approuva fort le projet du roi qu'il se hâta de rapporter à Téligny. Celui-ci en avait déjà été informé par le roi lui-même, qui semblait prendre plus que jamais plaisir à sa société et le gardait si souvent avec lui que Louise se plaignait d'avoir perdu son mari en la cour. La plupart de ses amis et parents de son âge étaient absorbés par les divertissements, et son cousin le maréchal de Montmorency, toujours très affectueux pour elle, venait de quitter Paris et de se retirer à Chantilly sans avoir fait part à personne des motifs de son départ. Il avait bien laissé à Paris MM. ses frères, mais ceux-ci n'étaient ou n'avaient jamais été grandement favorables aux Châtillons. Mme de Téligny commençait à penser avec satisfaction au retour.

L'amiral avait concédé aux plaisirs du roi les quelques jours que celui-ci lui avait demandés, et en sortant du conseil que présidait le duc d'Anjou, il accompagna Charles IX jusqu'au jeu de paume où il tenait partie avec le duc de Guise contre Téligny et La Rochefoucauld. L'amiral riait de l'ardeur des combattants dont il fut plusieurs fois appelé à juger les coups, mais bientôt il se leva de la chaise où il était assis : « Voici venir l'heure du dîner, dit-il, je m'en vais retrouver votre femme au logis, Téligny, vous mangerez vos balles si vous avez grand'faim », et il sortit accompagné de douze ou quinze gentilshommes de la Religion qui ne le quittaient guère qu'à la porte de la salle du conseil; encore avaient-ils coutume de l'y attendre.

Une femme était postée tout auprès du Louvre qui remit une requête à l'amiral, ajoutant à sa demande tant de paroles, de larmes et de gesticulations que Coligny lui fit signe de se retirer. « Je lirai votre requête, ma bonne », dit-il avec bienveillance, et il continua en effet sa marche vers l'hôtel de Béthisy en tenant déployé le placet de la pauvre suppliante qui disait être de la Religion.

On était auprès du cloître Saint-Germain l'Auxerrois; le pas de l'amiral était lent, car il lisait. Aussitôt deux coups de feu retentirent, et les balles qui vinrent frapper l'amiral lui fracassèrent l'index de la main droite et s'enfoncèrent dans son bras gauche. De son doigt sanglant, Coligny désignait la maison d'où était parti le coup. Ses gentilshommes s'étaient précipités aussitôt dans la maison, mais ils saisirent seulement l'écho lointain du galop d'un cheval. Maurevel en devait trouver un autre à la porte Saint-Antoine. Les deux coursiers venaient des écuries du duc de Guise.

M. de Guerchy enveloppait déjà de son mouchoir la main de l'amiral, tandis que M. des Pruneaux serrait le bras gauche. L'amiral regardait autour de lui; apercevant les capitaines Piles et

Monniens : « Veuillez informer le roi de l'attentat
dont je viens d'être l'objet », dit-il aux deux officiers qui s'empressaient auprès de lui.

Déjà ses gentilshommes le voulaient soulever
entre leurs bras, mais l'amiral refusa en souriant.
« Si les balles étaient empoisonnées ! » s'écriait-on
autour de lui. « Il n'adviendra que ce que Dieu
voudra », dit l'amiral, et il continua à marcher
d'un pas ferme, soutenu par MM. de Guerchy et
des Pruneaux.

Mme de Téligny accourait, effrayée et tremblante, elle tendit les bras à son père qui se laissa
attirer par elle jusqu'à une chaise. A la première
nouvelle de l'attentat, Téligny avait pris sa course
vers l'hôtel de Béthisy.

Le roi, en apprenant le crime, avait pâli et
rompu de colère sa raquette dont il jouait à la
paume : « N'aurai-je donc jamais de repos ? »
marmotta-t-il entre ses dents, et il alla s'enfermer
dans son cabinet.

Le médecin de Charles IX, Ambroise Paré, qui
se trouvait auprès du roi à cette heure, avait couru
aussi vite que Téligny. Il était de la Religion et
grandement attaché à l'amiral. « Ah ! Dieu soit

loué! Voici venir M. Paré! » s'écria Louise qui soutenait entre ses mains la main blessée et sanglante de son père.

Paré s'était penché sur la chaise de l'amiral. « Il me faut couper ce reste de doigt avant de penser au reste », dit-il.

L'amiral répondit doucement : « Voyez combien je suis favorisé de Dieu aujourd'hui, d'avoir pour me panser le premier chirurgien du monde, qui par bonheur est aussi des nôtres! Faites de moi ce que vous voudrez. mon cher Paré, je me sens trop heureux d'avoir été blessé pour le nom de Dieu. »

Il voulait faire retirer sa fille, mais Louise résista, disant : « Nulle main que celle de votre enfant ne viendra en aide au médecin », et elle soutint fermement la vue de la double opération; prenant entre ses doigts la balle que Paré venait de retirer de la plaie, et comme elle la contemplait attentivement, Téligny se pencha vers elle pour lui demander ce qu'elle voulait voir : « Je regarde si c'était une balle lorraine », dit-elle simplement, mais à sa parole un frémissement de colère passa sur le front de tous les assistants, aucun d'eux ne doutait d'où venait le coup.

L'amiral souleva légèrement la tête : « Monsieur Merlin », dit-il au fidèle ministre qui se tenait depuis si longtemps dans sa maison et qui l'avait suivi à Paris, « ne voulez-vous pas me consoler ? »

La prière du pasteur montait déjà vers le trône de Dieu, mais les grâces suprêmes du Saint-Esprit étaient prodiguées à son serviteur qui s'en allait mourir, et c'était sur les lèvres de Coligny lui-même que les siens cherchaient les leçons de force et de douceur qu'ils avaient accoutumé d'en recevoir.

« Je ne connais point de ministre dont les avertissements pénètrent en mon âme comme ceux de notre père », avait souvent dit Téligny à sa femme et celle-ci, agenouillée à côté du lit où l'on venait de déposer l'amiral, semblait suspendue à la bouche de Coligny qui avait recueilli son esprit en la présence de Dieu, disant tout haut d'une voix ferme :

« Seigneur, mon Dieu, Père céleste, aie pitié de moi, que ta bonté et miséricorde ne conserve pas souvenance de ma vie passée et de mes offenses contre toi ! Je te supplie pour l'amour de ton Fils que tu me donnes ton Saint-Esprit et le don de patience. Voici, je proteste d'être prêt à tout ce qu'il te plaira, étant assuré que s'il faut que je meure, tu me recevras incontinent au repos des bienheureux en ton royaume ! »

Tous les assistants se taisaient, pénétrés de douleur et de respect, mais déjà le bruit d'arrivées nouvelles se faisait entendre et, sans demander congé de personne, les maréchaux de Cossé et de Damville entrèrent dans la chambre, bien que Paré se fût aussitôt avancé au-devant d'eux comme pour les repousser; la voix de l'amiral lui-même les accueillait cependant : « Ne vous souvient-il pas de ce que je vous disais, il n'y a pas longtemps, mon pauvre Cossé? dit-il. Pour certain, bien que vous ne soyez pas de la Religion, étant bon serviteur du roi, il vous en pend autant à l'œil. »

Les deux catholiques se regardaient. Cossé ne répondit rien. « Je m'émerveille d'où peut être venu ceci? dit Damville.

— Je ne m'émerveille pas du tout, reprit l'amiral, et ne tiens assurément pour suspect que M. de Guise. Toutefois, je ne le voudrais pas affirmer, mais j'ai appris dès longtemps par la grâce de Dieu à ne point craindre mes ennemis qui ne me sauraient nuire, puisque la mort m'est un chemin assuré pour passer à la vie. Mais ce qui m'afflige de cette blessure est que je me vois privé de faire au roi tout le service que je désirerais. » Et tournant les yeux vers Damville : « Je voudrais entretenir un peu le roi, ajouta-t-il, de choses qui intéressent grandement son État et que personne n'osera lui dire. »

Le maréchal fit un pas vers la porte : « Je vais faire savoir votre volonté à Sa Majesté », dit-il. Paré s'adressant aussitôt à un gentilhomme qui avait accompagné les deux maréchaux : « Mon vouloir à moi qui suis maître créans, dit-il, serait qu'on laissât à cette heure reposer M. l'amiral du mal de sa blessure et de celui que je lui ai fait. »

Au même moment, l'un des plus attachés serviteurs de l'amiral, Cornaton, ouvrit la porte de la chambre; le roi de Navarre et le prince de Condé entraient sur ses pas : « Encore! s'écria Paré avec un geste de désespoir et laissant retomber ses deux bras, voici les assassins qui feront mourir M. l'amiral plus sûrement que l'arquebusier! »

Il avait parlé si haut que le roi de Navarre se retourna vers lui en souriant : « Si l'arquebusier ne s'en était d'abord mêlé, la visite de ceux qu'il a élevés auprès de lui ne ferait pas grand mal à M. l'amiral, mon cher Paré ! » et il ajouta, parlant à Coligny : « En attendant que justice soit faite de votre assassin, mon père, nous allons de ce pas faire savoir au roi que les deux Henri de Bourbon ne trouvent plus de sûreté à sa cour et que nous la voulons quitter au plus vite ! »

Ses regards servaient de commentaires à ses paroles. « Ce sera chose efficace pour mettre le roi en demeure de protéger les réformés, dit Téligny qui sentait son beau-père épuisé par la perte du sang et par la souffrance, et vous ferez sagement de lui parler ainsi. » L'amiral approuva d'un signe de tête et les jeunes princes sortirent, comme Paré n'avait cessé de les en supplier par ses signes.

Il était deux heures, le silence régnait enfin dans la chambre et l'amiral semblait s'assoupir; Mme de Téligny avait laissé retomber sa tête sur l'oreiller qui soutenait celle de son père : ceux qui se trouvaient là restaient immobiles, lorsque dans la rue,

auprès du cloître, on entendit retentir le bruit des
pas de nombreux chevaux et les cris qui s'élevaient des maisons voisines annoncèrent la présence du roi : « Voilà encore le pire ! » dit Paré
qui sortit précipitamment pour recommander la
prudence à Charles IX, auprès duquel il était en
grande faveur, mais la reine était à côté de son fils
et derrière eux les ducs d'Anjou et d'Alençon des-
cendus de cheval. Paré leva les deux bras au-dessus
de sa tête et il s'enfuit.

« Mon père, dit le roi en entrant dans la
chambre et avant même que M. et Mme de Téligny
eussent pu lui présenter leurs hommages, mon
père, la blessure est pour vous, la douleur et l'outrage sont pour moi qui en ferai telle vengeance
qu'on n'oubliera jamais ! » La reine mère ajoutait
ses consolations aux jurons et aux imprécations du
roi son fils; l'amiral la regardait fixement, comme
étonné, malgré l'habitude qu'il avait depuis longtemps de ses habiles menteries, qu'elle pût
s'abaisser à le vouloir séduire par de si vaines
paroles.

« Demandez à MM. de Guise ce qu'ils savent
de tout ceci, madame, répondit-il à Catherine de

Médicis, ils vous en instruiront plus aisément et sûrement que tous les juges dont Sa Majesté veut poursuivre mon assassin. » Puis se tournant vers Charles IX : « Je voudrais parler à vous, Sire. »

Le roi fit de la main un signe impérieux à sa mère et à ses frères qui se retirèrent aussitôt jusqu'au milieu de la chambre qui était vaste, et dont les portes ouvertes donnaient sur des pièces voisines, remplies des gentilshommes de la religion attachés à la personne de Coligny ou attirés auprès de lui par le bruit de l'attentat dont il avait été l'objet.

Le duc d'Anjou se pencha vers sa mère : « Voyez, lui dit-il en italien, ils sont bien deux cents. »

Comme il parlait, il regarda la reine au visage et s'aperçut avec un grand étonnement qu'elle avait changé de couleur. « Nous ne sommes pas bien en sûreté céans, dit-elle, et j'espère que le colloque du roi avec l'amiral ne sera pas long. »

Les arrivants se succédaient sans relâche à l'hôtel de Béthisy et ceux qui survenaient ne se retiraient pas : le duc d'Anjou s'était peu à peu rapproché de la fenêtre, et il faisait des signes aux gentilshommes de la suite royale qui s'étaient amassés dans la cour, repoussés par le flot montant des gens de la religion. Ceux-ci passaient et repassaient avec des visages tristes et irrités qui ne rassuraient nullement la reine et les princes. Le roi écoutait toujours l'amiral qui lui parlait bas.

Enfin Catherine de Médicis n'y tint plus. Elle fit quelques pas en avant : « Il n'y a point de raison de faire parler si longtemps M. l'amiral », dit-elle tout haut, en se retournant vers Paré qui venait de se glisser dans la chambre : « Je vois bien ce qu'en pense M. Paré et aussi Mme de Téligny », ajouta-t-elle en jetant un regard gracieux sur la jeune femme, les deux mains appuyées sur le dossier d'une chaise et se soutenant à peine debout par respect pour la majesté royale : « Venez çà, mon fils, que je vous emmène; M. l'amiral vous dira tout le reste quand il se trouvera mieux, vous allez donner la fièvre à sa blessure. »

En dépit de sa longue expérience de la dissimulation, Catherine ne put cette fois éviter dans sa voix un tel frémissement de colère et d'indignation que le roi se retourna vers elle, en soulevant ses paupières un peu alourdies, comme s'il sentait pour lui un danger inconnu, puis se retournant vers l'amiral : « Venez-vous-en avec moi au Louvre, mon père, s'il y a émotion en la ville vous serez plus en sûreté sous mon toit. »

La reine mère se rapprocha du lit, elle insistait dans le même sens que son fils. Mais Paré s'était élancé en avant, comme pour protéger son malade : « C'est ce que je ne saurais permettre, dit-il d'un accent résolu, M. l'amiral ne saurait bouger de son lit pendant plusieurs jours, fût-ce pour être porté sur une litière. »

Mme de Téligny élevant à son tour la voix : « Les blessures de monsieur mon père sont trop récentes et sa personne trop faible pour qu'il puisse obéir aux bontés de Votre Majesté. »

Les regards de l'amiral disaient clairement sa reconnaissance comme son épuisement : « A revoir, mon bon père », dit le jeune roi en se penchant sur son fidèle serviteur. Il tenait entre ses doigts la balle dont Coligny avait été frappé : « Je suis bien aise qu'elle ait été si vite mise hors, dit-il, car elle ne vous aurait pu faire mal, eût-elle été empoisonnée.

— J'y ai mis ordre, Sire, repartit Paré très haut, et

M. l'amiral a déjà pris un breuvage qui le met à l'abri du poison. »

Le roi était à peine au Louvre qu'il vit venir dans sa chambre sa mère avec le duc d'Anjou : « Ne nous direz-vous pas ce que l'amiral vous racontait si longuement? demanda la reine avec un accent moitié caressant, moitié impérieux.

— Non, repartit le roi, apparemment tombé dans une de ses humeurs moroses. Non, je ne vous dirai rien. Il n'a pas parlé pour vous. » Et il répéta deux ou trois fois le même refus, aux questions réitérées de sa mère. Le duc d'Anjou s'aventura à insister. Son frère se retourna vers lui avec un emportement de colère qui triomphait de toute sa prudence. « Par la mort-dieu, s'écria-t-il, vous le voulez savoir, eh bien! ce qu'il m'a dit est vrai, c'est qu'en France les rois se reconnaissent à la puissance dont ils disposent pour faire du bien ou du mal à leurs sujets, et que cette puissance je ne l'ai plus et qu'elle est passée entre vos mains, ce qui peut m'être grandement préjudiciable, aussi dois-je m'en garder et défier, voilà ce qu'il m'a dit, comme le plus fidèle et le plus affectionné de mes sujets qui me voulait parler avant de mourir. Et par la mort-dieu, ce que me disait l'amiral est vrai ! »

La violence du roi laissait à peine aux paroles le temps de sortir de sa bouche, et, lançant la porte de son cabinet sans prendre congé de sa mère, il entra dans sa chambre, où il s'enferma.

La reine mère et le duc d'Anjou se regardèrent : « Il faut que ceci finisse, Henri, dit Catherine de Médicis. Allons conférer ailleurs », et ils sortirent par une porte secrète. Tous deux sentaient instinctivement que leur émotion se devait lire sur leurs visages, et ne voulaient point s'exposer à la curiosité des gentilshommes revenus avec eux de l'hôtel de l'amiral et qui attendaient encore dans l'antichambre.

CHAPITRE VII

MASSACRE

Pendant que la mère et le fils sur le bord de l'abîme complotaient les moyens d'y précipiter à leur place les adversaires qu'ils avaient si long-temps tenus en échec, Mme de Téligny, au chevet de son père, cherchait vainement à faire observer les ordres de Paré, qui s'était momentanément retiré. Il avait exigé le repos et le silence, et tous les gentilshommes de la religion, épars dans les divers quartiers de la ville, arrivaient en foule, à mesure qu'ils apprenaient l'attentat; ils envahissaient la chambre du blessé. Les voix s'élevaient involontairement, car la discussion était animée, le vidame de Chartres et quelques-uns des plus vieux huguenots parmi ses amis voulaient qu'on emportât le soir même l'amiral jusqu'à Châtillon.

Téligny se récriait : « Paré n'a même pas voulu qu'on le transportât au Louvre ! dit-il.

— Paré a trop d'esprit pour jeter l'agneau dans la gueule du loup ! reprit le vidame ; je vous parle, moi, de le mettre en sûreté, et nous avec lui, car pas un de nous ne restera céans lorsqu'il sera sorti de cette maudite ville.

— Mais mon père mourra en route, monsieur le vidame, reprit Louise à demi-voix, comment l'aurons-nous sauvé ?

— Au moins mourra-t-il au milieu de ses amis et de ses serviteurs ! » repartit le vidame d'une voix sombre et terrible comme un roulement lointain de tonnerre, et levant les mains au ciel, comme s'il continuait à se parler à lui-même : *Usque ad mortem !* murmurait-il : *Tristis anima mea usqué ad mortem !*

Le roi de Navarre et le prince de Condé venaient de rentrer et s'entretenaient avec l'amiral de la nécessité d'envoyer aux Églises de tout le royaume des lettres rassurantes pour ordonner le repos ; tous deux s'offraient à les faire écrire, et l'amiral faisait des signes d'approbation, mais il était évident que la fatigue et la souffrance prenaient le

dessus et triomphaient de la force comme du
courage de Coligny. Louise prit son parti et touchant doucement de la main les bras des deux
Henri de Bourbon penchés sur le lit de son père :
« Voulez-vous pas le laisser reposer, messeigneurs,
dit-elle, et emmener avec vous tous vos gens?
Quand M. Paré va revenir, il ne sera pas content
s'il vous trouve céans. »

Le roi de Navarre se mit à rire. « Vous avez
raison, belle madame Louise. dit-il, et vous n'avez
pas oublié de savoir nous commander comme vous
faisiez à la Rochelle. Nous allons voir à ces lettres,
mon père; venez çà, Condé. On ne veut plus de
nous en ce lieu », car Mme de Téligny poussait
doucement les deux princes vers la porte. Condé
se retourna vers le lit : « Dieu ait en sa garde le
logis et son maître! dit-il.

— Nous en prendrons soin. monseigneur », dit
M. de Guerchy, qui attendait à la porte pour
parler à Téligny, qui ne laissa pas tomber ses
paroles.

« Le roi a ordonné ses arquebusiers autour de
la maison! dit-il comme offensé pour le maître
auquel il avait donné sa pleine confiance. Mais les

huguenots répétèrent avec Guerchy : « Nous en
prendrons soin, monseigneur ! »

Les saintes prières de M. Merlin, les pas légers
de Mme de Téligny par la chambre de son père,
les visites de Paré auprès du lit de l'amiral avec le
frémissement d'armes des sentinelles relevées
d'heure en heure à la porte de l'hôtel ou dans la
salle basse, tels furent les seuls bruits qui retentirent dans la maison de l'amiral de Coligny pendant la nuit du 22 au 23 août. La chaleur était
étouffante, le blessé agité et fiévreux, Paré grom-
melait parfois : « Si on pouvait au moins le laisser
tranquille pendant huit jours ! » Amis et ennemis
n'y pensaient guère.

Le jour était à peine levé que la reine mère,
déjà rejointe par le duc d'Anjou, avait fait appeler
quelques-uns de ses conseillers. Les Guises
n'étaient pas sortis de leur hôtel, où ils ignoraient
encore si la colère du roi ne les viendrait pas chercher. La mère et le fils avaient leur parti pris :
« Il nous faut défaire de l'amiral, du consentement
du roi », avaient-ils dit tous deux, et comme
Tavannes et Retz semblaient douter de la possibilité d'un tel revirement dans les volontés du

maître, le sourire qui errait sur les lèvres pincées de la reine mère leur rendit confiance : « Elle le connaît mieux que personne ! » pensèrent-ils.

Charles IX avait appuyé sa tête contre le volet de bois de sa fenêtre, et il écoutait les nouvelles que Paré lui apportait du sommeil de l'amiral, lorsque la porte s'ouvrit et la reine entra, majestueuse et froidement caressante comme si elle venait visiter son fils à l'ordinaire, vers le commencement de la journée, mais derrière elle parurent le duc d'Anjou, le chancelier de Birague, le duc de Nevers, Retz et Tavanne : « Ah ! par la mortdieu ! me voilà pris ! » marmotta le roi, et il fit signe à Paré de se retirer : « Vous reviendrez dans la journée me donner des nouvelles, dit-il, quand nous serons revenus de ce masque chez ma sœur de Lorraine ! » Paré fit un geste affirmatif et disparut. Le roi se laissa tomber dans un fauteuil : « M. l'amiral est un peu mieux », dit-il en promenant sur tous les assistants un regard qui semblait les défier. Personne ne répondit, sauf la reine qui, prenant hardiment le taureau par les cornes, repartit :

« Il doit être mieux et même bien, mon fils,

pour ordonner de son lit tout ce qu'il ordonne et prépare à votre très grand péril et dommage. »

Le roi jura tout bas. « Encore des mensonges! » marmottait-il, mais les récits succédaient aux récits, les preuves aux preuves. Un soulèvement des huguenots se préparait dont la blessure de l'amiral allait précipiter l'explosion, tous les ordres étaient donnés, toutes les lettres écrites; le roi avait tout écouté en silence et d'un air sombre, lorsqu'on se rendit au masque chez Madame de Lorraine qui devait être précédé d'un grand dîner. Dans son esprit le roi défendait toujours la fidélité de l'amiral et refusait de rien croire des nouvelles qu'on lui apportait. Pendant la plus grande partie de la conversation, il s'était borné à jurer tout bas.

Les gentilshommes réformés n'étaient pas nombreux au masque de Madame de Lorraine, la plupart étaient restés dans les environs de l'hôtel de Béthisy, veillant sur leur chef avec un soin jaloux. Le roi de Navarre et le prince de Condé disaient à qui voulait les entendre que l'amiral était couché et n'avait besoin que de repos. Paré ne voulait personne dans la chambre. On menait très joyeuse vie autour des tables et dans la salle de fête. Le roi

seul était de bonne heure rentré au Louvre. M. de
Retz ne tarda pas à l'y suivre.

Vers minuit, la reine mère arriva. Le maréchal
était encore dans la chambre du roi. Un imper-
ceptible signe fut échangé entre les deux Italiens.
Catherine s'approcha de son fils : « Vous savez
maintenant, dit-elle hardiment, pourquoi j'insistais
si fort ce matin sur la nécessité de rompre les
filets... »

Le roi releva brusquement la tête : « Où vous
m'avez enserré ! » dit-il violemment avec un juron.

« Pour vous délivrer d'autres liens », reprit-
elle avec le même calme, et, faisant un geste de la
main au maréchal de Retz : « Puisque le roi est
maintenant instruit que MM. de Guise ne peuvent
pas seuls être accusés d'avoir fait tirer sur l'amiral et
que je m'en étais entendue avec eux ainsi que mon
fils le duc d'Anjou, faites entrer le petit conseil et
voyons si le roi veut livrer sa mère, son frère et lui-
même aux dénonciations des Guises et à la vengeance effrayée des huguenots. »

Les conseillers intimes de Catherine entrèrent,
les mêmes que la veille, rassemblant tous leurs
arguments, juridiques ou militaires, pour persua-

der au roi que la guerre était inévitable, et que c'était à Paris et à l'improviste qu'il fallait donner la bataille. La nuit s'avançait et le roi restait sombre et silencieux. « Pour Dieu, Sire, dit enfin la reine mère, permettez à votre frère et à moi de nous retirer dans quelque coin obscur de votre royaume où la haine de nos ennemis ne pourra venir nous relancer. »

Charles IX bondit de son siège à cette parole : « Par la mort-dieu, madame, puisque vous trouvez bon qu'on tue l'amiral, je le veux, mais tous les huguenots de France avec lui, qu'il n'en reste pas un pour venir me le reprocher. Vous entendez, donnez-y ordre promptement! » Et il rentra dans son cabinet de toilette sans regarder derrière lui et « comme déjà poursuivi par les Furies! » pensait tout bas le maréchal de Retz.

« Le sort en est jeté! dit la reine, dont les yeux étaient brillants et résolus, allez, vous, à l'hôtel de Guise, Retz, et donnez le mot d'ordre. Je suis bien assurée qu'ils ne sont pas encore endormis! »

Au matin du 23 août, le vidame de Chartres avait recommencé ses instances pour le départ de l'amiral, mais tous les ordres étaient déjà donnés et les lettres parties pour rassurer les Églises, l'amiral informé par les ordres du roi des mesures prises pour retrouver l'assassin, Téligny et sa femme souriaient avec une inébranlable confiance : « Le roi est assez puissant pour défendre lui-même le meilleur de ses serviteurs », disait Louise. L'amiral paraissait partager tous leurs sentiments. Les gentilshommes de la maison avaient cependant envoyé chercher dans leurs logis les corselets de combat. Les sentinelles des arquebusiers refusèrent de laisser passer les serviteurs qui les rapportaient.

Guerchy trouva la chose mauvaise et s'en prit à l'officier qui commandait les arquebusiers : « Vous voulez donc nous trouver comme des brebis qu'on mène à la boucherie, Cosseins? demanda-t-il, et sur la réponse du soldat du roi qu'il ne savait ce dont il parlait, le gentilhomme huguenot tirait déjà son épée et se fût précipité sur lui, à la porte même de l'hôtel de Béthisy, si Téligny ne se fût interposé entre les deux combattants, disant à l'un : « Que penserait le roi de la façon dont vous gardez M. l'amiral si vous donniez des coups d'épée à ses serviteurs, Cosseins, et les empêchiez de se garder à leur gré », et à l'autre : « Ne peux-tu pas laisser les gens du roi répondre de la maison, Guerchy? J'ai moi-même entendu Sa Majesté en donner l'ordre de mes deux oreilles...

— Tes oreilles!... tes oreilles!... tes oreilles!... repartit Guerchy, je voudrais être sûr qu'elles tiendront longtemps à la tête! » mais il rentra dans la salle basse de l'hôtel et les corselets y arrivèrent sans autre difficulté.

Le récit de Guerchy à ses compagnons, les allées et venues du prévôt de Paris à l'hôtel de Guise, et ce frémissement sinistre qui précède toujours mystérieusement quelque grande catastrophe comme l'expression de la terreur et de l'émotion muette du peuple, avaient si fort troublé les gentilshommes réformés qu'ils restaient tous couchés à l'hôtel de Béthisy autour de l'amiral. « Nous camperons dans la cour comme si nous étions en campagne », disaient-ils; mais Téligny, privé de la pénétration et de l'expérience de l'amiral que sa blessure et ses souffrances avaient isolé depuis deux jours du grand courant humain, était si absorbé par sa confiance dans la promesse royale, si effrayé d'offenser ou d'attrister le roi qu'il allait d'un gentilhomme à l'autre, les priant de ne point prendre tant de peine et de ne se point travailler en vain. L'amiral était sincère, il n'avait affaire qu'à des gens de sa maison et il avait lui-même désigné ceux qu'il désirait garder auprès de lui. Guerchy et ses compagnons quittèrent l'hôtel pour aller souper dans les ordinaires du quartier, un très petit nombre se rendit au Louvre, comme gentilshommes de la chambre, que le roi retint auprès de lui dans un accès de gaieté apparente, plus folle, encore que de coutume. Il voulait sauver leur vie, car après un moment terrible d'hésitation et de terreur, l'ordre venait d'être donné de sonner la cloche de Saint-Germain-l'Auxerrois qui devait servir de signal au massacre. Guise avait déclaré qu'il commencerait par l'amiral et que nul ne devait être touché avant qu'il fût vengé sur le meurtrier de son père. La haine aveugle et obstinée a des éclairs de lumière. L'amiral était la tête des huguenots.

Louise de Coligny s'entretenait doucement avec son père qui s'assoupissait par intervalles; elle gardait alors discrètement le silence, absorbée dans ses pensées; l'amiral se réveilla tout à coup, il n'était pas encore minuit : « Va te coucher, ma fille, dit-il, tu as passé une nuit déjà à mon chevet sans compter près de deux journées. Cornaton et Paré seront ici et mon bon M. Merlin pour me lire la Parole de Dieu, si je ne puis dormir; c'est assez pour mon repos et le tien, va dormir en ta chambre... »

Louise résistait, mais son mari joignit ses instances à celles de l'amiral. Celui-ci releva la tête : « Allez aussi vous reposer, mon fils, dit-il, j'ai entendu à cette heure même relever les gardes du roi de Navarre qui veillaient à la porte, vous viendrez au jour faire la ronde, si bon vous semble, mais allez dormir quelque peu. Il me semble que je reposerai. Que l'Éternel Dieu vous bénisse, mes enfants; je n'ai pas une main à mouvoir pour vous pouvoir donner ma bénédiction, ajouta-t-il avec un sourire un peu amer, M. de Guise a frappé aux deux bras. »

Mme de Téligny ne résistait plus, la jeunesse et la fatigue l'emportaient, elle sentait l'assoupissement qui gagnait ses paupières, et, posant ses lèvres sur la main blessée de l'amiral, elle sortit de la chambre avec Téligny. Paré venait d'entrer.

« J'ai cru ne pouvoir quitter le Louvre, dit-il, et j'y retourne à l'instant, j'ai reçu du roi un ordre formel, auquel je ne puis faillir, mais il me fallait les dernières nouvelles de l'amiral. »

Téligny le rassura : « Il a sommeillé une bonne partie de la soirée, et vient de refermer les yeux après nous avoir donné le bonsoir, dit-il; la garde est changée, les flambeaux sont éteints, et nous allons dormir quelques heures. M. Merlin avec Cornaton sont auprès de notre père.

— Je ne le dérangerai donc qu'au jour, dit Paré prenant congé de Téligny, pour lequel il avait une grande affection.

— Je serai avant vous auprès du lit de M. l'amiral », repartit Téligny ; et Paré reprit promptement le chemin du Louvre. Il entrait à peine dans la chambre du roi lorsque la cloche de Saint-Germain-l'Auxerrois commença de sonner. Les gens de M. de Guise étaient déjà à la porte de l'hôtel de Béthisy.

L'amiral ne dormait pas si profondément qu'en soldat expérimenté il n'eût distingué le bruit des pas qui envahissaient la cour. « Monsieur Merlin, dit-il sans se troubler au pasteur qui se trouvait seul auprès de lui, aidez-moi à sortir de mon lit », et mettant sa longue robe de chambre fourrée,

appuyé contre la muraille de sa chambre : « Faites-
moi la prière, reprit-il, je remets mon âme au Seigneur ». Cornaton entrait en même moment en
courant par la porte du cabinet : « Monseigneur,
c'est Dieu qui vous appelle, dit le serviteur, dont
l'âme était aussi ferme que celle de son maître. —
Il y a longtemps que je suis prêt à mourir, repartit
l'amiral, mais vous avez encore le temps de vous
sauver ; passez par les toits. » Tous obéirent :
« Ma fille, Cornaton ! » murmura l'amiral, et Cornaton s'enfuyant alla jeter l'effroi dans la chambre
de M. et de Mme de Téligny située sur les derrières
de l'hôtel.

« La mort est dans la maison, criait-il en passant et M. l'amiral est debout pour attendre sa
visite. »

Téligny à demi dévêtu entr'ouvrit sa porte.

Celle de la chambre de l'amiral était déjà forcée ;
seul, un valet de chambre allemand, venu naguère
du Wurtemberg avec le duc des Deux-Ponts, était
resté auprès de son maître. Deux hommes entrèrent
les premiers, portant les couleurs des Guises. Celui
qui s'avança vers l'amiral était attaché à la personne
du duc Henri, et avait naguère servi son père ; il

avait réclamé l'honneur d'attaquer l'hôtel de Béthisy.

« N'est-tu pas l'amiral ? demanda-t-il rudement à Coligny.

— Jeune homme, repartit celui-ci, tu viens contre un blessé et un vieillard, tu n'avanceras pas beaucoup la fin de ma vie. »

Il se soutenait avec peine ; Behme le frappa à plusieurs reprises d'un gros épieu pointu qu'il tenait à la main. L'amiral tomba en murmurant : « Au moins si c'était un homme, mais c'est un goujat ! » Puis comme un dernier soupir : « Seigneur Jésus ! »

Les serviteurs des Guises se pressaient à la porte, empressés de porter chacun un coup à l'ennemi tombé. Le maître était dans la cour.

« As-tu fini, Behme ? cria-t-il.

— C'est fait, monseigneur.

— Jette-le donc ici, que je le voie. »

Et les meurtriers soulevant le corps encore palpitant qu'un reste de vie sembla retenir un moment dans leurs bras au bord de la fenêtre, le précipitèrent sur le pavé de la cour, aux pieds du duc de Guise. Il était là avec son frère le duc d'Aumale et le bâtard d'Angoulême.

Comme le corps tombait, tous trois descendirent de cheval. Guise essuya froidement le sang qui inondait le visage : « C'est bien lui », dit-il en repoussant du talon de sa botte son ennemi abattu : « Nous voici vengés! » ajouta-t-il, et remontant à cheval il s'élança dans la rue, criant aux gens qui le suivaient : « Voilà qui est bien commencé, aux autres! aux autres! »

Au même moment Téligny paraissait sur une échelle qu'il avait rencontrée sous sa main, appuyée contre la muraille près de sa fenêtre. Un autre s'en serait servi pour fuir; il cherchait à gagner la principale cour. afin de courir au secours de l'amiral. Le crime et la mort l'avaient devancé, et les balles pleuvaient autour de lui. Suspendu à son échelle, exposé aux regards de tous les assassins. car derrière son corps, l'éclairait de sa lueur la chandelle encore allumée dans la chambre, laissant distinguer Louise de Coligny, qui n'attendait que le moment de s'élancer, elle aussi, à la recherche de son père. Mais Téligny ne descendait plus, il avait jeté un coup d'œil sur la rue, il avait reconnu le cadavre sur lequel s'était penché le duc de Guise, et se rejetant précipitamment sur son échelle, il avait fait à sa femme un signe désespéré. Louise avait compris et tombait à terre comme une masse inerte; pour la première fois de sa vie la courageuse fille de Coligny avait perdu le sentiment des maux qui l'accablaient; elle gisait sans connaissance et sans force pendant que son mari fuyait de toit en toit, suivi par les serviteurs de l'amiral qu'il avait trouvés éperdus de terreur, entassés sous les combles; tous se cachaient de cheminée en cheminée, de lucarne en lucarne, s'abritant sous la moindre projection de toit, comptant sur l'ombre de la nuit pour échapper aux arquebusades des chasseurs d'hommes rangés dans la rue et dans les cours, mais d'instant en instant quelque malheureux atteint par les balles, laissait échapper l'appui qu'il avait serré entre ses bras, tombant lourdement de chute en chute, et de terrasse en terrasse jusque sur le pavé où il achevait d'expirer; les victimes s'éclaircissaient, et les serviteurs du duc de Guise s'allaient retirer, lorsque l'un d'eux aperçut une figure longtemps immobile dans l'ombre d'une haute cheminée de pierre et qui commençait à se glisser à l'entour dans un repli du toit avec une sage lenteur. Il levait déjà son arquebuse pour faire feu. lorsque son compa-

gnon frappa du doigt sur le canon qu'il abattit :
« Tu ne tireras pas sur M. de Téligny », dit-il. Et
le guisard s'éloigna. Le roi aimait M. de Téligny,
et il lui était arrivé de rendre des services aux gens
de M. de Guise eux-mêmes : « Qu'il se sauve s'il
peut! » disaient les arquebusiers.

Au même instant les gardes du duc d'Anjou
tournaient la rue, dignes serviteurs de leur maître
et amateurs comme lui de la volupté du crime;
ils aperçurent eux aussi le fugitif qui rampait sur
le toit, suivi de deux ou trois malheureux, restes
de la maison de l'amiral, et levant tous à la fois
leurs mousquetons, ils firent feu sur les ombres
noirâtres qui semblaient déjà les fantômes des
réformés. Téligny tomba foudroyé et fracassé sur
le pavé de la cour, au moment où Nicolas Müss,
le valet allemand de l'amiral, emportait dans ses
bras la fille de son maître, toujours évanouie,
comme une huguenote qu'il allait précipiter dans
la rivière, afin de la cacher dans une cave de la
demeure qu'il partageait avec quelques ouvriers
de son pays, non loin de Saint-Germain-l'Auxerrois, d'où le tumulte commençait déjà à s'éloigner. « Je l'emmènerai chez M. le maréchal au

jour, pensait-il, bien lui a pris de retourner ces
jours passés à Chantilly. Encore qu'il fût bon
catholique, messieurs de Guise auraient bien pu
se tromper sur la religion de ceux qu'ils n'aimaient
pas. »

CHAPITRE VIII

SECONDE FUITE ET SECOND ESPOIR

Ce fut par un véritable miracle de la grâce divine, dont le pauvre Nicolas Müss conserva dans son cœur toute la reconnaissance sans en bien distinguer les détails, que le char de peaux du cordonnier dont il était l'ami et le commensal, put sortir deux jours plus tard de Paris pour se diriger vers Beauvais, Creil, Chantilly et toutes les villes du bord de l'Oise, emportant cachée sous l'amas des chaussures qu'il allait livrer à ses clients de la région une femme à demi morte, à peine sortie d'une léthargie étrange et qui ne se reconnaissait plus elle-même pour la fille de Coligny et la femme de Téligny, ces deux martyrs dont elle ignorait encore le sort. Louise ne se rappela jamais ces jours sinistres sans un douloureux mais impuissant effort pour retrouver le fil des souvenirs plongés dans un engourdissement providentiel. Ce que Nicolas Müss se rappelait, il ne le dit jamais à sa maîtresse. Il avait vu massacrer l'amiral, tomber Téligny, mais il n'annonça leur fin tragique à la malheureuse Louise que lorsqu'il l'eut amenée dans un petit manoir appartenant au maréchal de Montmorency, le même où quelques jours plus tard devaient s'arrêter un moment les restes mutilés de l'amiral, secrètement enlevés au gibet de Montfaucon avant d'aller trouver le repos dans la chapelle de Chantilly. Là Nicolas Müss, à bout de courage et de ressources, tomba lui-même gravement malade. Louise relevée de son engourdissement par le besoin de son serviteur voulait le soigner elle-même, mais le maréchal vint la trouver pendant la nuit : « Vous ne sauriez demeurer ici, Louise, dit-il, on vous y viendrait chercher. Quand votre serviteur sera guéri, il vous rejoindra ; la mère abbesse de mon couvent de Chantilly vous fera passer par les maisons de son ordre jusqu'aux frontières de Savoie, où l'on m'a fait savoir que se rendait Mme l'amirale. » Et comme Mme de Téligny

levait sur lui des regards éteints par les larmes et
par le reste de sa fatale léthargie, il se dit à lui-
même : « Elle pourrait passer pour dépourvue
d'intelligence; quand une fois elle sera embé-
guinée dans les coiffes de nonnes, qui reconnaî-
trait là ma belle et brillante cousine de Châtillon! »

La vertueuse religieuse dont le cœur s'était
ouvert à une profonde compassion lorsque le
maréchal lui avait demandé de faire cheminer jusqu'en Savoie une pauvre veuve huguenote privée
de tous les siens, pensa comme le duc lorsqu'elle
aperçut pour la première fois celle qu'elle avait
entrepris d'arracher aux persécuteurs : « Mais
c'est une enfant. M. le maréchal! dit-elle, une
enfant qui s'en va mourir! »

Louise ne devait pas mourir avant d'avoir
encore beaucoup souffert. De couvent en couvent, comme une sœur servante malade que la
supérieure générale renvoyait dans son pays
natal. elle passa, muette et presque immobile,
du moment qu'elle était assise sur sa mule, ou
déposée dans le coche d'eau qui descendait
lentement les rivières; elle avait résolu au fond

de sa conscience de huguenote, de ne rien ajouter par la parole au mensonge matériel de son habit, et elle restait les yeux à demi fermés, comme plongée dans un abattement maladif que commençaient à démentir la fraîcheur de son teint et l'éclat renaissant de sa jeunesse, au moment où elle gagna enfin la Savoie et se trouva conduite à Saint-André-de-Brieix, où Mme l'amirale de Coligny avait rejoint sa mère, la comtesse de Montbel.

La femme et la fille du glorieux mort se jetèrent dans les bras l'une de l'autre sans pouvoir prononcer une seule parole. A leurs larmes se mêlait une profonde reconnaissance. Mme l'amirale serrait sur son cœur l'enfant chérie de celui qu'elle avait tant aimé, cette Louise dont il lui était parfois arrivé d'envier la complète et naturelle sympathie avec son père, veuve à dix-sept ans, comme elle l'était elle-même à trente-deux, et sans ce trésor d'espérances maternelles qui l'avaient soutenue depuis le jour de son malheur : « Louise restera auprès de moi, pensait-elle, et nous partagerons les devoirs et les biens que Dieu me rendra. »

Mme de Téligny cherchait ses frères autour

d'elle : « Où sont François et Odet? demandait-elle; avez-vous laissé Charles? l'avez-vous laissé à Châtillon?

— François et Odet sont en sûreté, je le crois, je l'espère, répondit Mme de Coligny, mais Dieu n'a pas encore permis que j'eusse de leurs nouvelles, depuis que je les fis partir avec Lagresle et un de ses amis, presque au lendemain du jour..... »

Elle s'arrêta, ses lèvres frémissaient, à peine pouvait-elle se soutenir, encore moins raconter ce qu'elle avait éprouvé en apprenant toute l'étendue de son malheur. Louise la regardait avec un certain étonnement dans lequel se mêlait encore un peu de l'engourdissement étrange qui avait atteint ses facultés.

« Je n'ai rien su et rien compris, je suis morte du même coup qui a frappé ceux que j'aimais, sans n'avoir même su qu'ils n'étaient plus, seulement que par un éclair d'instinct; je suis restée dans le tombeau de mon âme jusqu'au moment où je retrouvai Mme l'amirale, et je ne suis pas bien sûre d'en être encore tout à fait sortie », dit-elle à ses frères lorsqu'elle les retrouva enfin à

Bâle, réunis à leurs cousins auprès de Mme d'Andelot, Anne de Salm, qui avait rouvert le foyer domestique pour les siens. A cette heure, Jacqueline d'Entremonts, séparée de la petite fille à laquelle elle venait de donner le jour, était prisonnière dans la tour de Nice entre les mains avides et cruelles du duc de Savoie auxquelles elle ne devait échapper que par la mort. François de Châtillon serrait en pleurant les mains de sa sœur.

« Elle n'est pas morte, notre madame l'amirale, dit-il, et je ne l'ai jamais vue si grande et si forte qu'alors; la nouvelle d'un affreux malheur nous était d'abord arrivée comme portée sur les ailes du vent et sans que nous pussions savoir d'où elle était venue; ce fut seulement quand elle fut bien assurée du crime horrible qui nous laissait sans père, comme elle sans époux, qu'elle nous fit appeler tout en pleurs, et encore aux cris et sanglots que nous contenions avec peine devant elle, de peur d'augmenter son chagrin. Alors elle nous dit à peu près ces paroles que je retrouve dans ma mémoire pour toi, ma pauvre Louise, que nous n'espérions plus revoir, non plus que notre bon frère Téligny. »

La jeune femme écoutait, étonnée de la transformation qu'avaient subie en quelques semaines la raison et le caractère de cet enfant de quinze ans: il reprit en lui serrant tendrement les deux mains :

« Elle nous embrassait tous les trois et mes cousins de Laval qui étaient avec nous, et puis elle dit : « Hélas! mes enfants, nous avons fait, vous
« et moi, une perte si grande que je ne saurais
« vous le dire et vous ne pouvez pas la sentir
« encore comme je le fais; mais, hélas! si j'ai
« perdu mon mari, faut-il encore que je perde
« mes enfants? Le seul remède que j'y puisse voir
« me tourmente et m'afflige encore davantage,
« car pour vous sauver il faut que je vous mette
« en extrême péril de mort; mais le même Dieu
« qui vous a gardés jusqu'à cette heure vous con-
« servera encore, s'il lui plaît. J'ai envoyé ici près
« Montargis pour voir si Mme la duchesse vous y
« pourrait donner retraite, mais je crois bien que
« non, et qu'il vous faudra regarder vers les pays
« étrangers pour échapper à la fureur insatiable
« des ennemis de votre père. En voyant cela, je
« ne sais où vous envoyer, qui vous conduira ni

« comment vous supporterez les fatigues du
« voyage étant encore petits et faibles comme
« vous êtes. Je vous dis ceci, mes enfants, pour
« que vous compreniez le soin que je prends de
« vous, comme si je vous avais portés dans mon
« sein. Mon Dieu, je te supplie, continua notre
« bonne mère en levant les yeux, puisqu'il te
« plaît que je vive après celui que j'aimais tant,
« fais-moi la grâce de voir ces pauvres petits
« enfants sauvés et réserve-les pour les employer
« à punir la rage de ceux qui ont tué leur père.
« Toi, juste juge, tu ne laisseras point un tel
« crime impuni, et qu'il te plaise, bon Dieu, de
« me donner la patience d'endurer l'affliction que
« tu as voulu m'envoyer ! »

« Nous étions tous tombés à genoux auprès
d'elle, pleurant comme elle à sa prière, lorsque
Lagresle entra tout courant dans la chambre, qui
dit : « Madame, le temps nous contraint de pour-
« voir promptement à ces enfants, car il n'y a pas
« loin du château à Paris et l'on sera bientôt ici
« pour les chercher. Voici venir un gentilhomme
« qui promet de les faire passer en Allemagne
« comme vous disiez tantôt... Est-il vrai, mon

« fils ? » s'écria-t-elle, et comme transportée de joie au milieu de sa douleur, par quoi elle fit voir qu'elle nous aimait comme une véritable mère; nous couvrant aussitôt des plus vieux habits qu'elle put trouver, comme de pauvres petits écoliers, elle nous mit entre les mains de ce gentilhomme avec notre bon Lagresle et nous fit prendre le chemin de ce pays-ci. Elle avait gardé Charles avec elle, comme trop petit pour supporter le voyage avec le plus jeune de nos cousins de Laval. Sait-elle à cette heure ce qu'ils sont devenus?

— Ils ont été emmenés à Paris sur l'ordre du roi qui vous eût tous fait arrêter, si Mme l'amirale n'y eût courageusement pourvu, s'écria Louise avec impétuosité, et c'est cette bonne mère, cette sage et pieuse dame que la cruelle tyrannie du duc de Savoie retient loin de nous, prisonnière et privée même du dernier enfant de notre père, de cette Béatrice qu'on s'étonne de voir en vie. Par la grâce du Dieu qui nous a conduits jusqu'ici, je n'aurai de repos ni jour ni nuit que je ne l'aie arrachée à cette vivante mort! »

Les efforts de Louise de Coligny en faveur de sa belle-mère devaient rester vains, comme ceux qu'elle tentait de concert avec ses frères pour réclamer la sucecssion de leur père et de leur mère, « séquestrée dès le premier jour, pour la protection de leurs droits », avait-on répondu à la requête de Jacqueline d'Entremonts. Depuis lors, un arrêt du Parlement de Paris flétrissant d'indignes calomnies la mémoire de Coligny avait confirmé la confiscation de ses biens et déclaré ses enfants impropres à en hériter. La misère se joignait aux maux de l'exil, comme à ceux de la prison. Jacqueline d'Entremonts restait prisonnière en Savoie avec « une toute petite demoiselle de chambre » pour la servir, pendant que les fils de l'amiral de Coligny, avec la veuve de Téligny et celle de M. d'Andelot végétaient dans l'obscurité, soutenus à peine par la libéralité des cantons suisses en attendant que le jour de la justice vînt enfin à luire. A Berne où elle s'était établie, comme à Bâle où Mme d'Andelot jetait modestement les fondements de la petite Église française, Louise rencontrait le respect et le dévouement de ces magnifiques seigneurs des Ligues suisses auxquels elle ne pouvait alors offrir « qu'une bien bonne volonté » dont les effets devaient suivre plus tard,

« si Dieu le permet », écrivait-elle. Autour d'elle s'étaient réunis un certain nombre des échappés du massacre de la Saint-Barthélemy et elle eut la joie de voir reparaître à ses côtés le pasteur qui avait présidé à son éducation religieuse à Châtillon, l'excellent Merlin, sauvé par un véritable miracle de la providence de Dieu pour reprendre auprès des enfants exilés le pieux ministère qu'il avait exercé auprès de M. l'amiral presque jusqu'aux derniers coups portés par les assassins de Catherine de Médicis et du duc Henri de Guise.

Ils avaient grandi tous ces enfants, lorsqu'ils rentrèrent en France au mois de mai 1576, après que l'édit de Beaulieu eut momentanément mis un terme aux guerres religieuses qui désolaient depuis si longtemps le royaume. A peine était-ce une accalmie au sein de la tempête que la Ligue allait amoncelant contre les réformés, mais c'en fut assez pour permettre aux enfants de l'amiral de Coligny de rentrer dans leur patrie et de reprendre possession de ce qui restait de leurs biens. Sur les limites des propriétés du Gâtinais, se reformait déjà une puissante armée de ligueurs prête à recommencer les hostilités, où la suite ordinaire des

« vagabonds, voleurs, renieurs de Dieu, rebuts des gibets » que redoutaient si cruellement les populations, accouraient de toutes parts sur les traces des soldats catholiques.

Les enfants de l'amiral avaient recouvré ses terres, et leurs châteaux, pillés et dévastés, mais en dépit de la clause formelle de l'édit de Beaulieu promettant la radiation de l'arrêt du Parlement contre leur père, tous leurs efforts échouaient contre la mauvaise volonté et la haine invétérée de leurs ennemis. « Je ne sortirai pas de ma retraite de veuve et d'orpheline tant que cet infâme arrêt ne sera pas rapporté », avait juré Louise de Coligny, cheminant de Berne en France avec ses frères; en conséquence, elle se confina dans le petit manoir de Lierville, qu'elle tenait de son mari, sur les limites de la Beauce et du Blaisois, et ce fut là qu'elle reçut tristement et tendrement, pour quelques jours seulement et à grand'peine, son jeune frère Charles retenu près de quatre ans dans un couvent de Marseille, après avoir subi quelques mois toutes les séductions corruptrices de la cour. L'enfant semblait reprendre, dans la compagnie de sa sœur, les habitudes de sa première éducation

et ce souffle de piété austère et ferme qui faisait le
fond de l'âme des huguenots du xvie siècle, mais
Louise de Coligny, toute jeune qu'elle fût encore,
avait déjà appris à lire dans les cœurs. Le regard
fuyant de son frère l'attristait souvent et la confiance ne se rétablit jamais complètement entre
Charles de Châtillon et sa famille. Les traces funestes
de l'éducation qu'il avait reçue, moins forte et moins
droite que celle de la maison paternelle, reparurent
plus d'une fois dans sa vie tout entière, jusqu'au
jour où, plus sincère peut-être qu'il ne l'avait
jamais été, il fit publiquement profession de catholicisme, en rompant définitivement avec tous les
siens. Il avait coûté bien des larmes à sa sœur
avant d'en venir là.

Elle vivait à Lierville absorbée par le soin des
pauvres, sans enfants, sans grands devoirs de
famille, car le manoir était trop petit pour servir
de centre de ralliement à ceux qui lui restaient; la
vie que menait la jeune veuve était trop grave
pour attirer Odet et Charles de Châtillon alors
tous deux frivoles et brillants, absorbés par les plaisirs de la jeunesse guerrière et mondaine; l'aîné,
François, ardemment attaché à la cause de la

Réforme, était retenu au loin par les besoins de
sa cause et voyait peu sa sœur, quelle que fût la
sympathie parfaite qui les unissait. Louise vivait
seule, en face du morne horizon de plaines inter-
minables qui entourait Lierville. Il fallut le mariage
de son frère aîné avec Mlle d'Ailly de Picquigny
pour la faire sortir un moment de sa retraite. « Je
me croirais de nouveau dépouillée de tous mes parents si je ne te voyais à mes côtés dans la chapelle du château de Warty, écrivit François de Châtillon à sa sœur. Tu me sembles toujours ce qui me
reste de notre père qui tant t'aima. » Louise céda,
mais ce fut encore enveloppée des crêpes de son
veuvage, neuf ans après le jour qui l'avait dépouillée
de son bonheur, qu'elle signa le contrat de mariage
de son frère. Mme de Châtillon devint bientôt sa
très particulière amie en même temps que sa sœur.

Une fois, peu de temps après le mariage de son
frère, Louise s'arracha de nouveau à sa solitude, et
ce fut pour accomplir un voyage à la cour, pour
rentrer dans ce Paris qui lui semblait encore res-
pirer l'odeur du sang d'un père et d'un mari. Elle
avait tant prié avant de se mettre en route, elle
avait tant de peine à contenir son émotion qu'elle

parut plus belle qu'elle ne l'avait jamais été à ceux
qui la virent se présenter auprès du roi, puis solliciter les uns après les autres les membres du Parlement. « L'édit de Beaulieu, en son article 44°,
porte que les procédures et sentences contre les
réformés pourront être revisées », répétait-elle sans
se laisser rebuter par l'animosité persistante qu'elle
trouvait chez les parlementaires, dont un grand
nombre s'étaient au premier abord engagés dans la
Ligue, sans deviner ce qu'elle apporterait de maux
renouvelés à la patrie. Le roi Henri III, lui-même,
ne put s'empêcher d'être frappé de l'éclat tout céleste
qui rayonnait dans les regards de Louise de Coligny,
de la douceur de sa voix et d'une bonne grâce
sereine et modeste dont il ne se rappelait pas chez
la jeune femme de M. Téligny, qu'il détestait naguère
comme l'un des favoris du roi son frère. « Où a-t-
elle respiré le parfum de sa courtoisie, d'Épernon? »
disait-il un soir après avoir quelques instants entretenu Mme de Téligny qui s'en retournait à Lierville,
le Parlement se refusant décidément à reviser la partie
de la sentence qui condamnait Coligny comme « criminel de lèse-majesté, perturbateur et violateur de
la paix publique et chef de la conspiration tramée

contre le roi ». « Elle a si longtemps vécu aux pays barbares et rudes... comme mon royaume de Pologne, à ce que je puis juger... », ajouta-t-il, frémissant encore des maux que sa maladive mollesse de goûts avait dû endurer pendant son royal exil aux climats étrangers. Le mignon du roi secoua la tête.

« Elle n'avait pas été élevée en cette barbarie, sire, remarqua-t-il, mais par sa mère, Mme Charlotte de Laval, qui était une bien grande dame nourrie en la maison de M. le connétable, et elle a pu retourner à ses impressions premières que coutumièrement retenait-on mieux que toute autre. » Mais l'explication ne satisfaisait pas le roi : « Elle était en sa fleur de beauté et de jeunesse et tout récemment sortie des mains de Mme l'amirale lorsqu'elle avait épousé Téligny, répétait-il, et point n'avait encore ce parfum exquis d'une fleur qui se relève après la pluie, plus pure et plus suave qu'avant la tempête ! »

M. d'Épernon se prit à rire : « Alors cette grande beauté est l'œuvre de Votre Majesté, car elle est née dans les larmes des Matines sanglantes ! » dit-il avec une certaine colère de l'admiration exprimée par le roi pour la jeune veuve dans ses robes de deuil, qui avait déjà repris le chemin de son modeste manoir : « une gentilhommière! » disait Charles de Châtillon avec mépris lorsque sa sœur le pressait de revenir la visiter à Lierville.

Henri III n'avait point encore oublié Mme de Téligny et le charme pénétrant de son regard et de sa voix lorsqu'il reçut un jour message du prince d'Orange, Guillaume le Taciturne, devenu momentanément son allié à la suite d'une dernière paix conclue à Fleix en Périgord avec les réformés, désormais commandés et dirigés par le jeune roi de Navarre; Guillaume de Nassau venait encore une fois d'échapper à une tentative d'assassinat et c'était la terreur qui empêchait de dormir tous ses amis et ses serviteurs de le voir disparaître un jour subitement sous les coups de quelque émissaire de Philippe II.

Des trois femmes qui avaient les unes après les autres partagé son aventureuse destinée, la dernière, Charlotte de Bourbon, fidèle comme lui à la cause de la liberté religieuse, ne lui avait donné que des filles, tendrement aimées, mais jeunes encore et impropres à relever jamais le drapeau de la Réforme s'il venait à chanceler entre des mains mourantes. Mme d'Egmont, qui avait la première uni son sort à celui du brillant et magnifique favori de l'empereur Charles-Quint dans tout l'éclat de sa splendeur mondaine, avait eu un fils, dont l'Espagne s'était emparée dès son enfance, le desséchant et le transformant à l'image de Philippe II lui-même. Le prince d'Orange ne reconnaissait pas son fils chez le jeune comte de Buren, froid, compassé, dur, et le plus fanatique des catholiques; le fils aîné de Guillaume de Nassau frémissait quelquefois d'horreur à la pensée de la corruption du sang huguenot qui coulait dans ses veines, et ne se consolait qu'en se répétant qu'au moins lorsqu'il l'avait reçu de ses parents, il était encore pur et net de toute hérésie. Seul, Maurice de Nassau, fils d'Anne de Saxe, la folle et désordonnée princesse qui avait si longtemps désolé le foyer de Guillaume de Nassau, restait l'espérance jeune et la joie promise des réformés dans les Pays-Bas, mais n'était-il pas comme son père constamment menacé par la haine implacable de ce démon du Midi qui pouvait éteindre d'un seul coup la lumière allumée par tant d'efforts dans les Provinces-Unies? Les meilleurs serviteurs du prince d'Orange le pressaient de contracter une quatrième union : « Vous aurez un fils, monseigneur, disaient-ils, il nous faut encore un Nassau, un ce n'est pas assez ! — Et si je n'ai que des filles, comme de Mme la princesse Charlotte ? » objectait le Taciturne. Ses amis n'admettaient pas la possibilité d'un tel malheur. « Dieu veut le succès de sa cause, assuraient-ils, et il a créé les Nassau tout exprès pour la faire triompher. Il n'aura garde d'en laisser périr la race. »

Le prince d'Orange se ressouvint que son frère Louis, le plus habile comme le plus dévoué de ses collaborateurs, naguère tué à la bataille de Mooker Hyde, lui avait parlé autrefois de Mlle de Coligny, qu'il avait vue auprès de son père à Châtillon ; elle avait alors frappé le chevaleresque négociateur de l'alliance française, et c'était avec une sympathie sincère qu'il l'avait vue unir son sort à celui du jeune compagnon et soutien de ses efforts diplomatiques, si vite destiné à disparaître aussi. « Mme de Téligny a tout perdu comme moi, plus tôt que moi, pensa le Taciturne dans les profondes rêveries de son cabinet, et le sang de l'amiral qui coule dans ses veines se réjouira de s'unir au mien pour défendre encore la cause à laquelle il a sacrifié sa vie, comme Louis, comme Adolphe, comme cela m'arrivera à mon tour. » Il fit savoir au roi Henri III qu'avec l'autorisation de Sa Majesté il comptait demander la main de Mme de Téligny, fille de M. l'amiral de Coligny et de dame Charlotte de Laval, que sa réputation de vertu désignait au choix d'un prince.

Henri III souriait dans sa barbe pointue, parfumée, délicatement taillée. « Il croit en faire une Nassau, comme il avait fait de Charlotte de Bourbon, élevée et pétrie en son Allemagne dès l'enfance, pensait-il, mais, ou je me trompe bien à ces yeux de sainte, ou Mme de Téligny est aussi bonne Française dans le fond de son âme que l'ont toujours été les siens quoi que nous en ayons pu dire autrefois. L'amiral et le connétable n'auraient jamais failli au service de la France, et elle n'y faillira pas non plus. Faites savoir à mon cousin le prince d'Orange que je donne mon consentement à ce qu'il recherche en mariage la dame de Téligny », ordonna-t-il au secrétaire intime de son conseil. Il ne restait plus qu'à obtenir d'elle-même l'assentiment de Louise de Coligny.

« Ceux qui ont pensé que je pourrais hésiter à accepter l'honneur qui m'est fait, ne me connaissent guère », répondit Louise au pasteur, fidèle ami de sa vie tout entière, lorsque Merlin vint la trouver à Lierville pour lui faire savoir particulièrement et confidentiellement quelles étaient les offres qui lui allaient être adressées. Elle disait vrai, ses forces et son courage s'étaient raffermis et renouvelés dans la profonde retraite où elle venait de passer près de sept années, et elle commençait, sans le savoir, à retrouver cette ardeur de sa jeunesse pour la grande cause à laquelle s'étaient sacrifiés tous les siens, qui l'avaient toujours poussée à partager tous leurs dangers. Elle avait été élevée dans le respect et l'admiration passionnée pour le prince Guillaume des Pays-Bas réformés, le glorieux allié de l'amiral de Coligny, celui au secours duquel tous les huguenots de France étaient toujours si pressés de courir qu'ils ne se rendaient pas bien compte de l'aversion qu'éprouvait pour eux le bas peuple des Provinces-Unies, envieux et superstitieux, redoutant les alliances qui avaient failli plusieurs fois précipiter vers l'abîme la cause de la liberté nationale. Ce n'était pas pour rien que Louise de Coligny, presque enfant, avait vu Jacqueline d'Entremonts se dévouer au héros dont elle recherchait elle-même la main.

« Je n'aurais pas autant de courage que Mme l'amirale », avait souvent dit la fille de Coligny. L'initiative héroïque ne lui était pas nécessaire. Son héros à elle la conjurait de venir partager un sort hasardeux, de joindre son dévouement au sien, d'élever pour lui les enfants de tout âge qui grandissaient autour de son foyer chancelant. sans qu'il pût leur consacrer un temps et des soins qui appartenaient de droit à la patrie et à la liberté; elle accepta.

« Vous pourrez faire savoir à ceux qui vous ont parlé que je ne regarde pas à l'âge de M. le prince d'Orange, ni aux trois épouses qui m'ont précédée à ses côtés, dit-elle à Merlin, mais bien à sa personne que j'ai toujours été instruite à honorer plus qu'aucun homme vivant, et au besoin qu'il veut bien exprimer de ma présence auprès de lui. » Merlin n'était pas complètemeut satisfait, il n'avait pas oublié les charmes de Téligny, et la passion qu'il éprouvait naguère pour la compagne

de son enfance devenue sa femme. Dans un coin
reculé du cœur et de l'imagination du vieux
ministre, exposé à des périls sans nombre et portant chaque jour sa vie dans sa main pour le service de Dieu et de l'Église réformée, il se cachait
encore un reste de sentiment douloureux et tendre
pour la femme de sa jeunesse qu'il avait recher-
chée, aimée, perdue et constamment gardée dans
son cœur comme dans un sanctuaire. Il lui répu-
gnait de penser que Mme de Téligny n'avait même
jamais vu celui auquel elle allait accorder sa main,
et dont elle allait partager les continuels périls :
« C'est un vrai mariage de princesse, ne put-il
s'empêcher de dire lorsque la jeune veuve lui eut
exprimé sa décision.

— M. le prince ne saurait quitter un seul jour
le gouvernail de la barque qu'il dirige à travers les
flots orageux pour s'en venir chercher au fond de
sa retraite une pauvre femme prête à lui obéir,
repartit Louise sans se laisser troubler un seul instant par le regret qu'elle lisait dans les regards de
son vieil ami. J'écrirai moi-même à Sa Majesté
quand j'aurai reçu la demande officielle qu'elle est
chargée de me transmettre. »

Merlin n'insista plus : « Que Dieu vous aide et vous soutienne dans la grande tâche que vous aurez à remplir, et sur les hauteurs auxquelles vous allez atteindre, dit-il en joignant les mains. Je ne vous verrai plus, sans doute, mais je prierai Dieu chaque jour pour vous de tout mon cœur.

— Prions dès cette heure même, si vous le voulez bien, monsieur Merlin », dit la jeune femme, et tous deux prosternés dans le cabinet de Louise, au coin de la tourelle du manoir de Lierville, implorèrent la bénédiction divine sur la voie nouvelle dans laquelle allait s'engager la fille de Coligny. Lorsqu'ils se relevèrent, le front du vieux pasteur était redevenu serein.

« Il m'a semblé entendre la voix de M. l'amiral qui vous bénissait, madame », dit-il à Louise.

Celle-ci souriait : « Il me semble à moi que je relève l'étendard de mon père », murmurait-elle tout bas, car elle n'eût pas osé avouer hautement l'ambition hardie de son cœur de femme. « Ce que la vie et la main pourront faire pour venir en aide à M. le prince, je le ferai », pensait-elle.

CHAPITRE IX

A DELFT

Mme de Téligny partit du petit manoir où elle avait modestement abrité les tristesses de son veuvage, et les paysans des environs qu'elle avait comblés de ses soins et nourris de ses bontés l'accompagnèrent de leurs larmes et de leurs cris lamentables pendant les premières lieues de son voyage. Chevauchant lentement à travers les plaines couvertes de jeunes récoltes verdoyantes, au milieu de l'escorte militaire que lui avaient formée ses frères, elle regardait autour d'elle ce pays qu'elle avait connu depuis son enfance et qu'elle ne reverrait peut-être qu'après de longues années, si elle devait jamais le revoir, et elle se répétait tout bas à elle-même les souhaits arrivés la veille de son départ du fond de la Guyenne pour la Française qui s'en allait apporter un peu de bonheur au héros de la liberté religieuse. Le roi de Navarre, le compagnon de sa première jeunesse à la Rochelle, redevenu le chef des réformés français, lui avait écrit pour la complimenter sur son mariage en disant : « Je prie Dieu qu'il vous daigne combler de tout le bonheur et prospérité que vous pouvez désirer, comme par sa grâce il lui a plu rapprocher de si loin vos vertus ensemble ! »

C'était en rougissant que Mme de Téligny avait pour la première fois lu ces paroles. « Ma vertu à côté de celle du prince d'Orange ! » pensait-elle modestement, mais elle s'appuyait sur cette pensée, « de si loin, il a plu à Dieu », et elle se disait que le maître souverain des vies et des volontés humaines avait sans doute quelque tâche à lui confier dans ce pays étranger qu'elle allait chercher.

Elle n'était pas accompagnée par ses frères dans ce grand voyage qui coûtait secrètement quelque chose à sa modeste dignité. Elle n'avait pas été élevée dans ce rang suprême où les princesses apprennent, dès qu'elles ouvrent les yeux à la lumière, que leurs unions sont matière de diplo-

matie et qu'elles iront chercher à travers le monde
des maris qu'elles ne connaissaient point; mais
son frère Châtillon, retenu en Languedoc par ses
devoirs de gouverneur de Montpellier, avait confié
à son cousin, le comte de Laval, le soin d'escorter
sa sœur jusqu'à Anvers, où le prince d'Orange
devait venir au-devant d'elle. C'était le compagnon
de son enfance, le neveu chéri de l'amiral qui
allait remettre Louise de Coligny aux mains de ce
Guillaume de Nassau que son père à lui avait si
souvent servi, et il était fier de cette marque nouvelle de l'amitié fraternelle qui unissait toujours
les fils de Coligny à ceux de d'Andelot, mais il
avait été particulièrement ravi d'apprendre qu'une
compagnie féminine ne ferait pas défaut à Mme de
Téligny dans son long et périlleux voyage. Du
fond de la prison où il était encore retenu par les
Espagnols à la suite des malheureuses tentatives
du duc d'Anjou dans les Pays-Bas l'année précédente, La Noue Bras-de-fer avait fait savoir à sa
femme, sœur aînée du malheureux Téligny,
qu'il aurait pour agréable qu'elle accompagnât sa
belle-sœur jusqu'à Anvers, et Mme de La Noue
s'était empressée de satisfaire à ce désir, dans le

vain espoir qu'une fois « par delà » elle trouverait
moyen de visiter son mari dans sa captivité. Elle
avait eu d'abord quelque peine à accepter la pensée
qu'à vingt-huit ans et après onze années de veuvage, Louise pût renoncer à ce nom qu'elle avait
si longtemps honoré d'une fidélité inébranlable.
« Mon pauvre frère! pensait-elle. C'est à cette
heure qu'il est véritablement mort! » Mais elle ne
conserva pas longtemps ce sentiment lorsqu'elle
eut chevauché quelques jours à côté de sa belle-
sœur. « Elle s'en va dans les Pays-Bas comme un
chevalier au combat », pensait-elle, et elle ne se
trompait pas. Chacun sentait que c'était la bannière
des huguenots français qui allait s'unir à celle des
réformés des Provinces dans les mains jointes de
Louise de Coligny et de Guillaume de Nassau.

Le voyage fut long, les pays qu'on traversait
étaient pauvres, ravagés par la guerre et non encore
relevés du pillage qu'avaient porté partout les
troupes du duc d'Alençon, lorsqu'il allait prendre
possession de cette souveraineté des Provinces-
Unies qui lui avait été offerte par Guillaume
d'Orange et qu'il devait si tôt et si ridiculement
laisser échapper. En approchant d'Anvers, les

Françaises eussent volontiers pleuré aux traces encore visibles du combat acharné qui s'était livré dans les environs de la ville. « Monsieur mon mari était déjà tombé aux mains des Espagnols avant ce jour ! » dit Mme de La Noue, absorbée dans une unique pensée. « C'est là que les Français ont été battus, pensait Mme de Téligny, et les plans de M. le prince déjoués par la trahison et insuffisance de M. le duc d'Alençon ! Les gens de ces lieux lui en ont sans doute conservé mauvaises pensées à son endroit ! »

C'était la preuve du bon jugement et de la sage prévoyance que l'expérience des hommes comme les leçons de son père avaient imprimées dans l'esprit de Louise que cette divination spontanée sur l'état d'âme des bourgeois d'Anvers ; elle ne tarda pas à être bien assurée qu'elle ne s'était pas trompée. Lorsque le cortège parut dans la grande ville populaire et fière, et que le prince d'Orange s'empressa au-devant d'elle, les regards hostiles que rencontraient les Français frappèrent aussitôt Mme de Téligny, et, se penchant vers sa belle-sœur : « Nous ne serons pas bien reçues en ce lieu-ci ! » murmura-t-elle, et Mme de La Noue, jetant les yeux autour d'elle, pensa aussi : « J'espère que M. le prince ne compte pas faire sa résidence à Anvers. Ceci seul manquerait à mon déplaisir de laisser Louise en ce pays qui retient mon mari ! »

Mme de Téligny ne pensait plus aux bourgeois ni à la population d'Anvers, à leurs regards farouches et à leurs murmures à peine atténués ; car Guillaume d'Orange s'avançait vers elle, les mains tendues pour l'accueillir, comme le père Guillaume des Provinces-Unies plutôt qu'en prince de haute race, fièrement réservé encore, au-devant de la femme de son choix qui venait s'unir à lui au pied des autels. Louise ne voyait pas que le héros avait cinquante ans, les cheveux gris, le front dégarni par les longs soucis du cabinet et les fatigues de la guerre ; elle ne voyait même pas qu'il paraissait malade et languissant, elle n'aperçut que les yeux francs et fermes, le sourire affectueux, le rayonnement du courage et du dévouement, avec cette auréole d'inexprimable confiance en Dieu et d'indomptable espoir pour le salut de la patrie qui semblait faire retentir dans les cœurs comme aux oreilles la fière devise du Taciturne : « Je maintiendrai ». Si elle eût suivi l'élan de son respect et de son admiration, elle serait tombée aux pieds du prince; elle s'inclinait devant lui dans une profonde révérence, mais il lui tendait toujours les bras, et elle s'y laissa attirer. « Louis avait raison de dire que l'âme de l'amiral brillait dans vos yeux! » murmura-t-il doucement à l'oreille de celle qui allait devenir sa femme; le cœur de Louise lui était irrévocablement acquis dès ce premier moment.

Nul cérémonial n'accompagna l'union du grand chef des réformés hollandais avec la fille de l'amiral de Coligny. La population d'Anvers, hostile et menaçante, se serait bien gardée de donner aucun signe de sympathie à celui qu'elle soupçonnait d'avoir partagé les mauvais desseins du duc d'Anjou contre sa liberté; elle détestait et redoutait si fort les Français que des murmures accompagnèrent Louise de Téligny jusqu'au temple où la conduisirent le comte de Laval et Mme de La Noue, et le prince d'Orange était trop pauvre, trop chargé de dépenses et de frais de toute sorte, pour consacrer un florin de sa bourse à des réjouissances qu'il croyait aussi indifférentes à sa femme qu'à lui-même. Peut-être jugea-t-il en ceci plus légèrement qu'il n'avait accoutumé, oubliant à la fois la différence d'âge qui existait entre lui et Mme de Téligny et la différence de longueur de leur veuvage; Louise avait dix-sept ans lorsque onze ans plus tôt elle avait perdu son mari; depuis un an à peine, Guillaume de Nassau, âgé de cinquante ans, avait pour la troisième fois fermé les yeux à une épouse.

Mme de La Noue ne put s'empêcher de hausser les épaules avec dédain lorsqu'elle entra dans la petite église froide et nue, sans qu'une branche de feuillage ou un lambeau d'étoffe vînt rehausser la pauvreté de son architecture et de ses proportions. « Dans la moindre chapelle du moindre château de France, parmi ses parents, Mme de Téligny eût été mariée plus magnifiquement! » murmurat-elle assez haut pour attirer l'attention de Louise. Celle-ci se retourna avec un regard étincelant à la fois d'indignation et de joie contenue : « En nul autre lieu au monde que celui-ci, dit-elle, je n'aurais pu épouser le père Guillaume. »

Guillaume de Nassau était assurément le père de cette patrie hollandaise dont il avait si péniblement et à un si grand prix jeté les glorieuses fondations, mais il était aussi le père d'une nombreuse famille d'enfants que Mme de Téligny vit seuls dans l'église et qui remplacèrent pour elle les ornements absents : Maurice de Nassau et ses deux sœurs. Marie et Emilienne, parvenues à l'âge de raison, et le bouquet des six petites filles de Charlotte de Bourbon, dont l'aînée atteignait à peine sa septième année. La dernière, Emilie seconde, avait vu le jour peu de temps avant la mort de sa mère et était encore portée dans les bras d'une nourrice brabançonne. En descendant les marches de l'autel devant lequel elle venait d'engager sa foi au prince d'Orange, Louise s'avança tout droit vers les enfants et prit entre ses bras la dernière née. Brabantine et Belgie se suspendirent aussitôt à sa robe comme par un instinct touchant de la maternelle tendresse qu'elles trouveraient désormais dans son cœur. Ce fut entourée de ses nouvelles petites filles qu'elle entra dans la maison que le prince occupait à Anvers.

Bien en prenait à la princesse d'Orange que la joie naïve et l'affection croissante des petites créatures confiées à ses soins, comme des espérances personnelles bientôt naissantes, vinssent remplir sa demeure et sa vie de cette gaieté spontanée que rien ne peut réprimer et que nul ne voudrait attrister, car les échecs successifs et les trahisons les plus amères se réunissaient pour accabler la cause des patriotes et de leur invincible chef. Les unes après les autres, les villes des provinces wallonnes retombaient au pouvoir du roi d'Espagne et dans les mains de son habile lieutenant, Alexandre Farnèse, duc de Parme. Les unes avaient succombé à des attaques à mains armées et c'étaient celles que regrettait le moins le prince d'Orange, car les patriotes s'étaient courageusement défendus et n'avaient pas été livrés par leurs compatriotes, mais Zutphen fut rendue au duc de Parme par le comte Van den Bergh, le propre beau-frère du prince d'Orange. Le prince de Chimay, gouverneur de Flandre, était en négociation avec Alexandre Farnèse pour lui abandonner cette illustre province, et les magistrats de toutes les villes avaient été pratiqués de telle sorte que Gand elle-même était sur le point d'ouvrir ses portes à Philippe II et à l'Inquisition, sans la résolution du prince d'Orange et les efforts persévérants des Etats généraux. Gand refusa enfin de se laisser entraîner à abandonner la cause de la liberté; et toutes les villes de Flandre suivirent son exemple, sauf Bruges, qui fut livrée aux Espagnols par le prince de Chimay au moment même où la ville d'Ypres succombait aux armées royales après un long siège. Les réformés, chassés aussitôt de la place, refluèrent dans toutes les villes de Flandre, et ce fut à son tour la nouvelle princesse d'Orange qui reçut. consola et soutint les exilés de la foi commune, ainsi qu'elle avait été naguère avec ses frères reçue et protégée par les magnifiques seigneurs des Ligues suisses.

Les États généraux des Provinces-Unies avaient cependant fait un nouvel effort pour décider le prince d'Orange à se charger de la souveraineté du pays qu'il soutenait et dirigeait depuis si longtemps dans ses courageux efforts vers la liberté. Le prince était dans sa chambre avec sa femme lorsque certains membres du Conseil de Brabant vinrent le supplier d'accepter du moins le duché de Brabant, dont le duc d'Anjou s'était rendu indigne par sa tentative de trahison.

Le prince avait déjà compris quels nobles et fermes avis il pouvait attendre de la femme qu'il venait d'admettre dans sa maison et dans son cœur et il jeta sur Louise un regard qui semblait s'assurer qu'elle l'approuverait, lorsque serrant la main aux magistrats brabançons :

« Non, dit-il, mes amis, vous savez que mon cœur et ma vie sont à vous, mais mes forces n'égalent pas ma bonne volonté, et je ne vous pourrais protéger assez efficacement contre l'Espagnol; d'ailleurs, je ne donnerai jamais au roi Philippe le droit de dire que le prince d'Orange a travaillé pour lui-même lorsqu'il a consacré sa vie à enlever les Provinces-Unies aux Espagnols, purement et simplement pour se les approprier personnellement. Il vous faut l'appui et le soutien du roi de France, et en dépit de la mauvaise conduite du duc d'Anjou ce n'est qu'en renouant avec lui que vous pouvez réussir à obtenir les secours dont vous avez besoin contre le duc de Parme. Quant à moi, je vous servirai toujours, sans ambition, comme votre ami fidèle et bon patriote. »

Les bourgeois se retirèrent attristés et convaincus; alors seulement Louise releva les yeux qu'elle avait jusqu'alors tenus baissés, et son mari s'aperçut qu'ils étaient remplis de larmes. Il caressait douce-

ment sa joue en souriant : « Auriez-vous donc
voulu être dame et maîtresse des Provinces? »
demanda-t-il; mais elle se pencha sur son épaule
en murmurant : « Un cœur tel que le vôtre me
suffit. »

Le Conseil de la ville d'Anvers avait la sagesse
de conserver sa confiance et aurait voulu remettre
le gouvernement de la ville au prince d'Orange,
mais il n'en était pas de même de la population,
qui n'avait jamais pu accepter le mariage français;
chaque jour, lorsque Louise s'aventurait dans les
rues de la ville, peu accompagnée, alors même
qu'elle se trouvait avec le prince, elle éprouvait un
serrement de cœur continuel en rencontrant des
regards hostiles et malveillants, en devinant sous le
langage qu'elle ne comprenait pas des insultes gros-
sières. Le prince d'Orange lisait la tristesse dans les
yeux si purs, si brillants, si tendres qu'il avait déjà
appris à aimer d'une confiante affection. Un jour,
il dit à sa femme : « Je dois incessamment me rendre en France pour voir le roi et le duc d'Anjou
avant que les Etats puissent leur faire des proposi-
tions nouvelles, et je verrais avec plaisir vos frères
en ce voyage. Croyez-vous que vos forces vous

pussent permettre de m'accompagner? Je serai
forcé de revenir rapidement et compte au retour
m'établir en Hollande. Malgré les brumes de nos
hivers, je suis bien assuré que ce pays vous
agréera mieux qu'Anvers. »

La princesse d'Orange avait vingt-huit ans, elle
avait beaucoup souffert; pour la première fois elle
avait conçu des espérances maternelles que la fatigue
pouvait compromettre, mais elle ne s'arrêta pas
un instant à un soin qui n'était d'ailleurs pas
commun de son temps, et elle ne put s'empêcher
de bondir de joie : « Oh! si je pouvais vous mon-
trer Châtillon! Lierville! Mon frère aîné sera, je
pense, à Châtillon, ma belle-sœur y est avec son
petit enfant nouvellement né!

— Eh bien! nous irons à Châtillon, et ce sera
chose facile, dit le prince d'Orange, car le roi est
à Blois. »

Ce fut une grande désolation parmi les petites
filles du prince d'Orange lorsqu'elles apprirent
qu'il allait emmener avec lui leur nouvelle mère.
Elles étaient fort accoutumées aux absences de leur
père, mais Charlotte de Bourbon, faible et chargée
d'enfants, n'avait presque jamais quitté le foyer

domestique pendant les sept années de son union
avec le prince d'Orange. Brabantine surtout était
furieuse. Elle s'était attachée à Louise avec une
passion qui ravissait la princesse, toujours prête à
recevoir les caresses de l'ardente petite créature,
qui ne permettait quelquefois ni à Flandrine ni à
Belgie d'approcher leur belle-mère. « Elle est à
nous comme à toi! » disaient les petites sœurs,
mais Brabantine. « Brabant », comme on l'appelait souvent, disait parfois que non, et que c'était
pour elle toute seule que Monseigneur avait fait
venir une mère de France. Louise eût bien voulu
l'emmener avec elle à Châtillon.

Ce fut de là et pour la consoler de son désespoir en se trouvant abandonnée, que son père lui
écrivit le 5 octobre 1583 une lettre qu'elle conserva sa vie durant comme la dernière et presque
la seule lettre que Guillaume d'Orange ait écrite à
ses plus jeunes enfants. Il était souffrant à Châtillon, et la princesse avait conçu de nouvelles
inquiétudes. « J'avais pensé laisser à Anvers les
empoisonneurs et les meurtriers, disait-elle en se
lamentant à sa belle-sœur. Mme de Châtillon.
Déjà deux fois depuis le peu que je suis mariée.

j'ai eu à craindre pour sa vie, et si les complots
nous suivent partout, jusque dans la maison et
sous le toit de mon père et de mon frère, je n'ai
qu'à mettre ma confiance en Dieu seul, car les
traîtres sont partout. »

Marguerite d'Ailly était aussi ferme que Louise,
et sa piété était digne de celle de François de Châtillon : « Mettez votre confiance en Dieu seul,
ma bonne sœur, dit-elle, car lui seul n'y fera
jamais défaut. »

Guillaume d'Orange n'avait probablement pas
été empoisonné à Châtillon et il commençait à se
remettre lorsqu'il écrivit à sa petite Brabantine
par l'entremise de M. Junius, qui l'avait accompagné en France pour négocier avec le duc d'Anjou [1] :

« Je serais bien malade, ma chère fille, si je
perdais une seule occasion de vous renouveler la
mémoire de votre pauvre bonhomme de père, qui
est réduit à faire la diète, pendant que les autres
vont à la guerre. Qu'en direz-vous, ma chère et
belle fille? Mais qu'en penserez-vous? En serai-je

1. Authentique et inédite, conservée dans le Chartrier
de Thouars. Communiquée par M. le duc de la Tremoille.

pour cela banni de vos bonnes grâces! Non, je m'assure trop de votre jugement qui vous fera comprendre que je ne me suis résolu à cela qu'à l'extrême nécessité, outre le bon naturel que j'ai reconnu en vous, lequel ne vous peut permettre, je m'assure, de conserver nulle sinistre opinion de votre père et serviteur très humble, qui baise mille fois vos mains en toute humilité. Je vous apporterai des confitures de Paris, mais je vous demande une écharpe blanche que je porterai en bon lieu si vous me faites l'honneur de me la donner. Je vous la demande comme un père à sa fille, l'aimant et l'honorant de tout son cœur. Adieu, ma belle fille, adieu, mon cher enfant que j'aime tendrement, adieu. »

« Brabant sera bien honorée, en effet, dit la princesse d'Orange en lisant cette lettre que son mari lui avait montrée, mais avec toute son intelligence, comme elle n'a pas encore trois ans, je crois que Louise, Julienne ou Elisabeth auraient mieux compris ce que vous voulez bien lui dire.

— Ah! j'avais promis à ma petite Brabant de lui écrire! dit le prince en riant. Je l'aime de vous aimer si fort, et elle a eu tant de chagrin de votre départ ! »

Les affaires étaient terminées et la santé du prince d'Orange rétablie lorsque les illustres voyageurs reprirent le chemin de la frontière. M. de Châtillon allait retourner à Montpellier, où sa femme devait le rejoindre. Il promettait au prince d'Orange de le venir visiter en Hollande. « Si le roi envoie un corps de troupes, je demanderai à le commander, dit-il en riant. Personne ne combattra pour les Provinces d'aussi bon cœur que moi.

— Sauf mon beau-frère La Noue quand il sera hors des griffes de Farnèse, dit la princesse en riant aussi. Grâce à sa femme, il a toujours refusé d'acheter sa liberté de la perte de ses deux yeux, ainsi que le proposait le roi d'Espagne. Livré à lui seul, il est si las de sa captivité qu'il eût peut-être consenti. Madeleine lui a rendu du cœur rien qu'en passant sous les fenêtres de son donjon, à Limbourg, déguisée, mais en parlant assez haut pour qu'il pût reconnaître sa voix. Elle avait risqué sa liberté, elle aurait vingt fois risqué sa vie pour arriver jusque-là. A aucun prix, elle n'a pu être admise auprès de lui, mais on l'a laissée passer et repasser deux jours de suite sous la lucarne du cachot qu'il habite en compagnie des rats. »

Marguerite de Châtillon regardait son mari. « Quand vous serez captif quelque part, je viendrai aussi sous votre fenêtre, dit-elle d'un ton résolu qui prouvait qu'elle avait souvent réfléchi à cette possibilité, mais je tâcherai de me glisser entre les barreaux.

— Les barreaux sont serrés, ma mie, repartit Châtillon, et je ferai ce que je pourrai pour rester là-bas votre fidèle mari et bon ami pour vous faire service. »

Mme la princesse trouvait que son frère avait grande raison.

Les négociations avec le roi Henri III, le duc d'Anjou et les Provinces-Unies étaient renouées et le roi promettait qu'il aiderait son frère jusqu'à sa dernière chemise, lorsque le prince et la princesse d'Orange reprirent le chemin des Pays-Bas. Guillaume cherchait à consoler sa femme qu'il voyait triste de quitter son pays et ses frères. Odet et Charles avaient pu tous deux la visiter quelques jours à Châtillon, et ils avaient goûté ensemble cette douceur des souvenirs communs et des affections anciennes que ne remplace même pas le bonheur passionné. « Nous ne retournons pas à Anvers, ma mye, ma femme, disait le prince, nous irons à Delft, dans ma fidèle province de Hollande, et si la ville est petite, s'il y fait froid et brumeux comme vous ne l'avez jamais vu dans votre pays de France, vous verrez comme les cœurs sont solides et dévoués. Je suis bien assuré qu'ils ne tarderont pas à être tout à vous. »

Et Louise rougissante appuyait sa tête sur l'épaule de son mari : « Surtout si Dieu nous donne un fils! » murmurait-elle.

Ce fils si désiré naquit en effet à Delft, le 18 février 1584. Les rues de la petite ville étaient encombrées par la neige, au milieu de laquelle on avait pratiqué des chemins parcourus par quelques traîneaux, mais la glace qui recouvrait encore les canaux présentait une voie plus facile aux passants montés sur leurs patins. Dans toutes les directions, au pied des longues allées de peupliers dégarnies de feuilles, s'élançaient sur la glace des bourgeois et des bourgeoises, des paysans, des marchands, des ouvriers se répétant les uns aux

autres l'heureuse nouvelle : « Le père Guillaume
a un fils ! »

Dans la maison au toit rouge, en face de
l'église, qu'on appelait encore le cloître de Sainte-
Agathe et qui servait de demeure au prince d'O-
range, la joie était profonde et sérieuse. Lorsque
Guillaume avait appris que Dieu avait exaucé ses
prières en lui donnant un nouveau fils, il avait
étendu ses mains sur le berceau qu'on venait de
déposer à côté du lit de sa femme : « Que le Seigneur Dieu te bénisse pour sa gloire et pour le
salut de son peuple ! » avait-il dit, absorbé par
ses préoccupations chrétiennes et patriotiques, à
ce point que Louise put croire un instant qu'il
l'oubliait ; elle tendit vers lui une main tremblante
encore de ses longues souffrances : « Vous l'aimez.
bien qu'il soit le douzième ! » murmura-t-elle
doucement. Et le prince répondit avec un regard
de confiante tendresse qui rassura et réjouit le
cœur de Louise : « C'est le premier que vous
m'avez donné ! »

Il était bien beau et bien portant ce petit Frédéric-Henri que Mme la princesse ne quittait non
plus que son ombre, et que les bons habitants de

Delft purent contempler endormi dans ses bras dès que les frimas permirent à la mère et à l'enfant de glisser dans la barque pavoisée qui était toujours amarrée au pied de la maison sur le canal, tout près des remparts, à côté de la vieille rue de Delft. Les tilleuls qui bordaient des deux côtés cette route paisible et fraîche étaient couverts de gros boutons prêts à s'entr'ouvrir pour parfumer l'air, et les femmes assises sur le quai avec les habits de leurs enfants qu'elles raccommodaient ou les bas de leurs maris qu'elles tricotaient, riaient en voyant Mme la princesse porter elle-même son enfant. Elle n'avait pas encore connu ce bonheur suprême, la pauvre Louise, et il lui semblait que la bonté de Dieu lui avait enfin fait trouver un lieu de repos, une terre bénie où elle pouvait se reposer après tant d'orages et de douleurs. Elle ne se doutait pas que le serpent était déjà entré dans son jardin d'Eden.

Toute la maison était absorbée par les préparatifs du baptême du petit Frédéric-Henri, et l'église en face de la maison était parée de tentures et de tapisseries sous lesquelles disparaissaient ses froides murailles. Entre la demeure du prince et l'église, qui n'étaient séparées que par la cour et la rue, les femmes de Delft avaient semé des fleurs, devant, à droite et à gauche, des pyramides de bouquets. On était au mois de juin, les illustres envoyés qui devaient représenter à la cérémonie les rois de Danemark et de Navarre, parrains du nouveau-né, étaient arrivés la veille à Delft; toute la matinée le prince avait été enfermé avec le délégué du roi de Navarre et son confident ami, M. Duplessis-Mornay, qui lui apportait les dernières nouvelles de l'état intérieur où se trouvait le parti protestant, méfiant et inquiet malgré les protestations du roi Henri III en faveur de la paix intérieure et contre l'Espagne. Le pouvoir de la Ligue allait croissant, et le duc d'Anjou était mourant à Château-Thierry, au moment même où il faisait croire à Guillaume d'Orange qu'il pouvait l'attendre dans les Pays-Bas et qu'il était prêt à signer l'accord qu'on lui demandait. Il fallut tout l'effort de sa longue habitude d'empire sur lui-même pour chasser de son front les nuages qui le couvraient, lorsque Guillaume d'Orange entra dans la chambre de sa femme pour embrasser et bénir l'enfant, paré des dentelles héréditaires qui avaient orné les robes de baptême de tous les Nassau. C'était un reste des splendeurs passées de la race, que l'orgueil maternel avait toujours défendu contre la pauvreté croissante de la maison. Jamais les dentelles n'avaient été vendues, ni même mises en gage, et c'était avec une satisfaction émue et fière que Louise de Coligny tendait aux lèvres de son père le petit front ombragé d'inestimables réseaux de Flandre. Elle regardait l'enfant, mais elle leva ensuite les yeux sur son mari qui soulevait le petit Frédéric-Henri dans ses bras : « Prenez garde! » dit-elle vivement; et comme le prince souriait en disant : « J'ai tenu dans ma vie beaucoup d'enfants », elle se mit à rire : « Oh! mais ce sont les dentelles qu'il ne faut pas froisser! »

Tous deux sortirent de la chambre. Mme de Châtillon était marraine de son neveu, et elle avait chargé Louise-Julienne de Nassau de la représenter à la cérémonie. Cette fille aînée de Charlotte de Bourbon, qui n'avait pas encore neuf ans, soutenait la robe flottante de son petit frère, car on n'avait pas osé lui confier le précieux fardeau dans le cortège. Mme la princesse avait promis que devant les fonts baptismaux la nourrice zélandaise qui portait Frédéric-Henri le déposerait un instant sur les bras de sa sœur.

La cérémonie était achevée, et le peuple de Delft qui se pressait dans l'église et sur le passage avait pu contempler les ambassadeurs de Danemark et de Navarre, comme on le répétait fièrement dans la foule; tout ce que la lutte patriotique avait laissé subsister de la maison de Nassau, le comte Jean et la comtesse Catherine de Schwartzbourg, étaient venus saluer de leur affection le nouveau venu de leur race.

Le matin même, en embrassant l'enfant, la comtesse Catherine avait dit tristement à son frère : « Si notre pauvre Julienne était là ! »

Le front de Guillaume d'Orange s'était assombri : « Je ne reverrai plus Julienne! avait-il dit d'une voix sévère, ma sœur aurait dû pouvoir empêcher son mari de trahir la patrie.

— Elle n'a rien pu et rien su, j'en mettrais ma main au feu! » s'écria vivement la comtesse Catherine, qui avait pleuré pendant trois jours en apprenant la trahison du comte Van Bergh à Zutphen.

Et Guillaume s'était borné à répondre : « Je l'espère! »

Delft rentrait dans son silence et son calme accoutumé, et la princesse d'Orange s'établissait de plus en plus dans son bonheur de mère, mais le prince d'Orange attendait impatiemment des nouvelles de France. Le bruit courait que le duc d'Anjou était à l'agonie. Trois semaines après la cérémonie du baptême de Frédéric-Henri, un courrier arriva annonçant qu'il était mort. Tout espoir d'une coopération active et efficace du roi de France contre l'Espagne expirait en même temps. Le prince d'Orange n'avait plus rien à offrir à Henri III.

Il avait baissé la tête comme acceptant le coup de la main de Dieu, qui venait mettre à néant toutes les combinaisons savantes de son désintéressement et de son zèle patriotique, et il se demandait déjà de quel côté il pourrait chercher de nouveaux alliés, quels appâts il pourrait offrir à cette reine Elisabeth d'Angleterre qui perdait le prétendant à sa main comme lui perdait le duc et prince de Brabant qu'il avait si laborieusement élevé de ses propres mains. L'inébranlable confiance en Dieu qui caractérisait Guillaume de Nassau n'entravait jamais l'activité prudente de son esprit et de ses efforts. « Dieu a dit qu'il donnerait aux corbeaux leur nourriture et aux lions leur proie, disait-il souvent, mais les corbeaux et les lions n'attendent pas dans leurs nids et dans leurs antres que la nourriture leur tombe du ciel; ils la cherchent là où elle se trouve. » Il cherchait déjà par quels moyens nouveaux il pourrait attirer des alliés nouveaux à la cause de la patrie.

C'était le dimanche 3 juillet, le prince d'Orange était encore dans son lit lorsqu'on lui apporta les lettres annonçant la mort du duc d'Anjou. Après être resté quelques instants plongé dans des réflexions profondes, il appela un des serviteurs qui attendaient dans un cabinet voisin et dit qu'on fît venir le courrier qui arrivait de France avec les dépêches. Le serviteur qui était resté dans la chambre était un des plus anciens des confidents du prince, il allait sortir pour obéir à l'ordre qu'il avait reçu lorsque son maître l'arrêta par cette question :

« Quel est ce courrier? Le connais tu? Est-il déjà venu céans? »

Martin secoua la tête : « Il n'est pas venu comme courrier, dit-il, et il paraît épuisé d'avoir vitement chevauché, mais si je ne me trompe, il s'est présenté il y a quelques mois chez Votre Altesse pour demander des secours. Un calviniste exilé, son père mort sur l'échafaud, quelque chose comme cela, il nous l'a raconté en attendant.

— Ce sont choses trop douloureuses pour en parler ainsi sans pitié, mon bon Martin, dit le prince doucement, je me souviens maintenant... François..., François Guyon,... je crois.... Il était recommandé par mon ami Villers. Fais entrer ce courrier. »

CHAPITRE X

DERNIER COUP

Le courrier entra, haletant et effaré, en homme pris au dépourvu, il avait à peine eu le temps d'avaler quelque nourriture, il était encore tout couvert de la poussière et de la sueur de son long voyage. Sa voix tremblait lorsque le prince lui adressa quelques questions sur les derniers moments du duc d'Anjou, délicat et souffreteux sa vie durant et malade gravement depuis qu'il avait quitté les Pays-Bas. Le prince s'aperçut de son trouble.

« Vous êtes las, mon ami, dit-il avec bonté, allez vous reposer et dormir quelques heures pendant que je m'habillerai et vaquerai au service de Dieu à l'église, je vous parlerai ensuite. Je crois vous avoir déjà vu, vous m'êtes recommandé et vous avez quelque chose à me demander. » L'homme sortit et la tête de Guillaume d'Orange retomba entre ses mains. « De quel côté irons-nous à cette heure? » pensait-il.

Le messager tournait autour de la demeure du prince et dans les rues de Delft, comme un homme qui ne sait où aller. Il était pâle et maigre, ses vêtements étaient vieux et râpés. Il rentra une seconde fois dans la cour de la maison. Un soldat y faisait sentinelle qui lui cria : « Que faites-vous là? Que demandez-vous? »

Le courrier paraissait troublé, il baissait humblement la tête : « Je voudrais adorer Dieu dans son temple, balbutia-t-il, mais mes habits ne me permettent pas d'y entrer. Il me faudrait au moins des souliers neufs, mes bas sont déchirés....

— Ah! dit le soldat, pour un messager de cour vous n'êtes guère bien pourvu et ceux qui vous ont envoyé ne sont pas généreux, mais vous ne repartirez pas la bourse aussi plate, j'en jurerais bien, par la charité du prince Guillaume qui vous donnerait la moitié de son dernier écu, si c'était tout ce qui restait dans son trésor »; et voyant passer l'une des femmes de la princesse d'Orange, il lui dit à l'oreille que le pauvre courrier venu de France avait besoin de refaire ses nippes et qu'il comptait sur la bonté du prince.

La suivante releva la tête, regardant le messager en face, avec une méfiance visible. Depuis bien des jours, la vieille Marguerite, venue de France avec Louise de Coligny, était tourmentée par des rêves sinistres qui faisaient reparaître devant ses yeux endormis les horreurs de la Saint-Barthélemy, mais l'amiral avait toujours le visage de Guillaume d'Orange. L'homme était petit, paraissait frêle, il avait le teint brun et tenait les yeux humblement baissés: s'il n'avait pas de souliers, il avait à la main un livre de cantiques ou de prières.

Il était jeune et n'avait pas l'air entreprenant. Marguerite soupira, renifla l'air du canal, comme si elle sentait la trahison dans l'atmosphère, puis se parlant à elle-même : « Il n'est pas beau, mais on ne peut pas le laisser repartir sans ressources » ; elle fit un signe de tête au soldat et rentra dans la maison par les derrières. La sentinelle riait :

« Elle va vous apporter quelque aumône ! dit-il,

Mme la princesse l'écoute toujours, cette vieille Marguerite, elle ne l'a jamais quittée depuis les Noces vermeilles et est venue avec elle du château de M. l'amiral. »

Le courrier avait tressailli. Le soldat pensa l'avoir offensé par le mot d'*aumône*. « Une course comme celle que vous venez de faire mérite bien une récompense, car vous venez de loin, n'est-ce pas? de France peut-être? »

Le messager ne répondit pas, il regardait une fenêtre qui venait de s'ouvrir sur la façade de la maison, une femme y passa la tête, et le soldat présenta aussitôt les armes : « C'est Mme la princesse, murmura-t-il tout bas, elle a voulu vous voir, la vieille Marguerite lui a parlé... » La fenêtre se referma quelques minutes plus tard, la suivante reparaissait apportant au courrier venu de France le prix de son zèle :

« C'est M. le prince qui vous envoie cet argent, dit-elle, il était dans la chambre de Mme la princesse quand j'ai dit que vous étiez là sans ressources et sans habits, et il a répondu qu'il vous devait une récompense pour être venu céans à bride avalée. Voici ce qu'il m'a donné pour vous. Que

Dieu vous ait en sa garde ! » Et elle disparut dans le passage des officiers.

Lorsque le soldat revint de sa monotone promenade de long en large devant la porte, le courrier n'était plus dans la cour. « Il est allé voir s'il trouve des habits pour se rendre à l'église, pensa la sentinelle ; si j'étais à sa place, je serais déjà sur une botte de paille pour dormir dans un coin, il doit être moulu ! »

Le prince était rentré dans la maison revenant de l'église. toujours sombre et préoccupé, et il roulait dans sa pensée le projet de se rapprocher du roi Henri III lui-même qui devait être lassé par l'ardeur des Ligueurs. « Voilà le roi de Navarre devenu premier prince du sang et héritier de la couronne de France, pensait-il, le roi devrait marcher d'accord avec lui contre ces Guises qui ont le cœur plus espagnol que français. Les Espagnols, ils sont partout, en Allemagne. en France, ici! Où les fuir ? Comment les vaincre ? On me parle toujours d'un appointement avec le roi d'Espagne. nous ne serons appointés ensemble que sur le lit de mort l'un de l'autre, et quand je me pourrais trouver un lieu de repos où me réfugier après la vie rude que j'ai menée, ce nombre infini de peuple qui a combattu si fidèlement avec moi, où pourrait-il s'enfuir? » Il secouait la tête et passait la main sur son front : « Ce ne sont pas pensées du saint jour de dimanche qui est fait pour adorer Dieu et se remettre à sa miséricorde », se dit-il, et se relevant du fauteuil auquel il s'était laissé tomber en rentrant dans son cabinet, il ouvrit la porte de la chambre voisine, où sa femme était entourée comme de coutume par les petites filles qui amusaient le nouveau frère que toutes adoraient.

« Nous n'avions qu'un frère si grand, si vieux! disait la petite Brabantine à sa belle-mère, celui-là est plus gentil, il rit quand nous sautons devant lui. Maurice est toujours avec les gentilshommes et conseillers de Monseigneur, comme s'il avait déjà la barbe grise au menton.

— Vous oubliez votre frère de Buren, mes enfants », dit la mère du prince Frédéric, et tous les enfants levèrent à la fois les yeux.

Brabantine était de sa nature fort hardie et délibérée.

« C'est que Philippe ne nous donne guère de signes d'amour », dit-elle entre ses petites dents blanches, et ses sœurs aînées reprirent plus timidement : « Avez-vous reçu souvent des messages de lui, monseigneur ? »

Le prince secoua tristement la tête : « Non pas autant que je voudrais, dit-il, et les ennemis qui me l'ont enlevé dans l'enfance, l'ont, je le crains, souvent déçu et trompé à mon égard ; j'ai su cependant et de source certaine, qu'il n'y a pas longtemps, comme un homme venu de ce pays-ci parlait de moi devant lui avec mépris et colère, mon fils, votre frère Philippe s'est avancé vers lui avec indignation et pour jeune qu'il soit encore, il prit l'autre à la gorge et le voulait jeter par la fenêtre si les assistants ne l'avaient retenu. Il disait en même temps : « Les Espagnols encore, passe, mais les « gens des Pays-Bas devraient mieux connaître « Monseigneur, et ils le respecteront devant « moi ! » Vous voyez qu'il n'oublie cependant pas sa patrie, mes enfants ! »

Les yeux de Guillaume d'Orange s'étaient mouillés de larmes, Louise s'approcha de lui avec Frédéric-Henri dans les bras et elle le déposa sur les mains tendues de son père :

« Il reviendra peut-être, murmura-t-elle.

Philippe reviendra... quand vous aurez triomphé!... »

Le prince secoua la tête : « Quand et comment? » murmura-t-il; puis reprenant, par un effort suprême, la pieuse confiance qui fit toujours sa force : « Dieu le sait! s'écria-t-il tout haut. Il le sait et c'est assez pour nous. *Deus in cœlum! in cœlum!* »

Les petites filles commencèrent à s'accrocher en troupe aux mains et aux habits de leur père, qui serrait Frédéric-Henri contre sa poitrine de peur de le laisser tomber. Il le serra un instant si fort que l'enfant se mit à crier. La princesse s'élança en avant pour le reprendre et Guillaume d'Orange le lui rendit avec un baiser pour la mère et pour le fils : « Gardez-le, ma mye, dit-il tendrement : venant de vous et de moi, celui-là ne sera jamais Espagnol!

— Nous non plus! nous non plus! crièrent les petites sœurs; mais les aînées disaient tristement : Nous ne sommes que des filles, nous ne savons pas où nous irons!

— Moi, je serai Française comme notre mère! » proclamait la petite Brabantine.

Louise regarda son mari : « Là encore votre parole de tout à l'heure est vraie : Dieu le sait! » murmura-t-elle. Et elle emporta son fils dans ses bras.

Le lendemain matin, le hallebardier qui se trouvait la veille en sentinelle à la porte du prince vit venir à lui le courrier de France, bien chaussé cette fois de souliers neufs.

Ce n'était plus d'habits qu'il était soucieux maintenant de se munir. Le prince ne tarderait pas sans doute à le renvoyer en France comme courrier ou comme porteur de quelque communication secrète pour les réformés, à la cause desquels lui, François Guyon, avait consacré sa vie; il était décidé à ne pas courir une seconde fois le risque de se trouver sans armes exposé aux attaques des brigands qui couvraient le chemin, et il voulait employer tout ce qui lui restait des présents du prince à acheter des pistolets. Le hallebardier pourrait-il lui dire à qui il devrait s'adresser? Il ne connaissait personne parmi les marchands de Delft.

Précisément, dans les récentes escarmouches qui avaient eu lieu entre les soldats du duc de Parme et les patriotes en Flandre, le brave sergent avait conquis sur les ennemis abattus par la force de son bras, deux paires de grands pistolets d'arçon, ou petites carabines, comme on les appelait alors. Il en avait été si fier au premier abord qu'il avait refusé de les vendre aux marchands qui suivaient les armées, trafiquant indifféremment avec les vainqueurs des deux partis, mais le temps s'écoulant, il regrettait son refus. Deux paires de carabines, c'était beaucoup! Le courrier venu de France pouvait bien en acheter une paire. Le hallebardier proposa le marché.

François Guyon était pauvre et il était évidemment avare du peu d'écus qu'il possédait. « Je n'avais rien hier et je veux garder quelque chose pour demain! » répondait-il avec persistance au soldat qui lui détaillait les perfections des armes qu'il avait à vendre, leur beauté, la justesse de leur tir, « car je les ai essayées moi-même et à dix pas on fendrait un cheveu avec ces pistolets, disait-il.

— Je n'ai que très peu d'argent, des armes moins soignées me suffiront pour imposer un peu aux coureurs de route, assurait le courrier qui finit cependant par acquérir la moins ornée des deux paires de carabines, au prix qu'il avait lui-même indiqué dès l'abord.

« Celles-là ne sont pas les plus mauvaises, bien qu'elles soient les moins belles », dit le soldat hollandais en achevant d'astiquer les légères armes.

François Guyon les emporta dans la chambre d'auberge qu'il avait louée en attendant ses ordres de départ. Il emportait en même temps le repos d'esprit du pauvre hallebardier.

Les courriers de France se succédaient. M. de Schoonevalle, ambassadeur du prince auprès de Henri III, lui fit savoir que les Guises avaient envoyé des émissaires sûrs à l'Escurial.

« Soyez bien convaincus qu'ils s'entendent avec l'Espagne pour couper l'herbe sous le pied au roi de Navarre, dans le cas où malheur arriverait à Sa Majesté, écrivait le patriote hollandais, leurs précautions seront prises et leur partie liée d'avance. » Le prince d'Orange n'en doutait pas. Il résolut d'envoyer François Guyon au roi de Navarre en Béarn.

« Il faut bien lier nos parties de notre côté, si nous pouvons, et mettre Henri en garde contre son imbécile d'oncle, dit la princesse d'Orange avec laquelle son mari aimait à parler de ce qui regardait la France, car elle la connaissait aussi bien que lui. On fera croire au cardinal de Bour-

bon tout ce qu'on voudra. même qu'il était l'aîné
de sa race », et Louise souriait non sans un retour
de tristesse : elle avait vu le cardinal de Bourbon à
la cour de Charles IX la veille du jour de la Saint-
Barthélemy, quelques heures avant le moment où
ses neveux les deux Henri de Bourbon, roi de
Navarre et prince de Condé, avaient couru le
risque de perdre la vie, en compagnie de celui
qu'ils appelaient tous deux leur père, l'amiral, et
que tous les réformés de France regardaient
comme leur grand chef. « Cet imbécile de cardinal ! répétait-elle.

— Les imbéciles ont leur danger, ma mye ! »
dit le prince, et il se retira dans son cabinet pour
préparer ses dépêches. Les appartements du rez-
de-chaussée restaient fermés, Guillaume d'Orange
ne recevait pas à Delft. La famille profitait de tout
le temps que laissaient les grandes affaires de l'Europe. « Jamais nous n'avons été si heureux que
céans ! » disait Louise.

C'était le mardi 10 juillet, Mme la princesse
était levée de bonne heure comme elle avait
accoutumé ; ses enfants ne lui laissaient guère de
repos le matin, ayant pris l'habitude d'être visités,

caressés et surveillés pour les plus petits, encou-
ragés et dirigés pour les grands qui travaillaient
avec leurs maîtres dans une salle non loin de la
chambre de Louise; elle s'y était attardée assez
longtemps ce jour-là, car ses filles avaient appris
plusieurs pièces de vers latins qu'elles devaient
réciter à leur père, et Mme la princesse les devait
entendre d'abord. Maurice était avec son père en
son cabinet. Guillaume de Nassau avait été frappé
du sang-froid et du courage qu'avait témoignés
l'enfant de seize ans l'année précédente, lorsque
l'attentat de Jauréguy l'avait mis à deux doigts de
la mort. Depuis lors, il avait souvent appelé son
fils auprès de lui lorsqu'il avait des courriers à expé-
dier, l'initiant peu à peu à la connaissance de ces
grandes affaires de l'Europe et de la patrie dont
il tenait silencieusement tous les fils entre ses
mains. Dans ce Prinzerhof, chacun faisait de
toute sa force ce que sa main trouvait à faire.
L'heure du dîner était venue. Guillaume d'Orange
se leva de son fauteuil à l'appel familier de sa
femme qui arrangea elle-même la médaille des
Gueux. « fidèles au roi jusqu'à la besace »,
que le prince portait toujours au cou depuis le

premier éclat de l'indignation des Provinces contre la tyrannie du duc d'Albe. sous l'inspiration des comtes d'Egmont et de Brederode. Elle regardait la grossière médaille en redressant la ruche qui entourait la gorge de son mari. « C'est une des premières, disait-elle, et il n'en reste pas beaucoup encore de ceux qui l'ont d'abord reçue. »

Le prince d'Orange sourit et son sourire était grave : « Celle-ci ne sera peut-être pas longtemps au mien cou non plus, dit-il, mais ce que Dieu garde est bien gardé, s'il a encore affaire de son serviteur ici-bas... »

Louise lui ferma doucement la bouche d'une de ses mains blanches et l'entraîna vers la salle de famille. Quelques personnes les attendaient qui avaient besoin de parler à Son Altesse et devaient avoir l'honneur de dîner avec lui. Les paroles de son mari retentissaient encore dans le cœur de la princesse d'Orange, et elle ne put retenir un léger cri lorsqu'à ses côtés, sur le seuil de la salle, un homme se dressa tout à coup qu'elle n'avait pas aperçu dans l'ombre. Guillaume d'Orange le reconnut aussitôt. lui dit quelques mots et se retournant vers son fils qui le suivait, il lui donna

un ordre que le jeune homme s'empressa de transmettre au secrétaire. On entrait dans la salle à
manger; près de la fenêtre se tenait le bourgmestre de Lewarden, qui salua Leurs Altesses.

« Que voulait cet homme? demanda Louise
encore émue.

— C'est un de mes courriers que je vais envoyer en France, il venait demander son passe-
port, repartit Guillaume de Nassau, un peu étonné
de la question de sa femme.

— Il paraissait sombre et agité, n'avez-vous pas
jugé ainsi, Maurice? » murmura-t-elle à son beau-
fils, qui s'était rapproché d'elle. Le jeune homme
ne répondit que par un signe des paupières, mais
il était très significatif. « Il me fait peur! » répétait tout bas la princesse. Elle ne mangeait rien et
ne parlait pas.

Jamais le prince n'avait été plus animé; sans
paraitre s'apercevoir du silence de sa femme et de
son fils, il faisait effort pour les attirer dans sa
conversation avec le bourgmestre, entremêlant sa
discussion sur les affaires de la province de Frise
de réflexions sérieuses et consolantes, comme de
considérations profondes sur l'avenir de la patrie

hollandaise qui passaient quelquefois par-dessus la tête du brave magistrat de province, mais qui auraient été tout droit au cœur et à l'intelligence de Louise si elle n'avait été si préoccupée et distraite. Le dîner lui paraissait interminable.

Il était deux heures, le prince se leva : « Venez-vous dans mon cabinet, mon cher bourgmestre, dit-il, je vais vous rendre tout annotés de ma main ces projets que vous m'avez apportés de la part de nos amis de Frise. » Il donnait en parlant ainsi la main à sa femme, le bourgmestre suivait tristement avec le jeune Maurice. L'escalier qui conduisait au premier étage donnait sur un petit vestibule sombre dans lequel s'ouvrait la salle à manger. Au pied de l'escalier le passage qui conduisait à la grande entrée était voûté et soutenu par des piliers, l'escalier était éclairé par une grande fenêtre, mais les premières marches étaient plongées dans l'ombre de la voûte. Guillaume avait quitté le bras de sa femme qui se retournait vers la comtesse de Schwartzbourg, sa belle-sœur, et il mettait le pied sur la seconde marche lorsque, derrière le pilier le plus rapproché, apparut une seconde le pâle visage de François Guyon ou, pour l'appeler maintenant de son vrai nom, de Balthazar Gérard, voué depuis sept années à la même entreprise sinistre, et, faisant un seul bond vers le prince, il tira contre lui un coup de pistolet en pleine poitrine. Au bruit, les femmes accoururent, la princesse reçut dans ses bras le corps chancelant de son mari. La balle l'avait traversé de part en part et s'était aplatie contre la muraille derrière lui. Il serrait de sa main crispée le surtout de drap gris dont il était vêtu ce jour-là et qui était déjà tout inondé de sang. Sur ses lèvres erraient quelques paroles françaises : « Mon Dieu, ayez pitié de mon âme! Mon Dieu, ayez pitié de ce pauvre peuple! »

Le maître de la cavalerie, van Melden, avait dîné avec le prince, il s'avança pour le prendre entre ses bras; Louise ne pouvait plus le soutenir; on l'étendit sur la marche de l'escalier; sa sœur se pencha sur lui :

« Vous recommandez votre âme à Jésus-Christ? » demanda-t-elle d'une voix à peine altérée. Il inclina légèrement la tête, et ses lèvres murmurèrent le mot qu'elle attendait : « Oui! »

« Il ne saurait demeurer ici », dit la comtesse

Catherine en se relevant et les assistants, obéissant instinctivement au signe de Louise, transportèrent le blessé dans la salle à manger qu'il venait de quitter tout à l'heure dans toute la vigueur de sa santé. On l'étendit sur un canapé de paille. Il n'avait pas perdu connaissance et regardait tendrement sa femme, son fils et sa sœur. Mais le mouvement semblait avoir hâté la fin, les syncopes succédaient aux syncopes, et chaque évanouissement augmentait la mortelle faiblesse. Il ne parlait plus, une légère écume teinte de sang montait parfois jusqu'aux lèvres, il cherchait encore la main de sa femme. Enfin il ferma les yeux, sa tête s'affaissa sur l'épaule de Louise, et un léger soupir effleura la joue de celle-ci : « C'est fini! » dit la comtesse Catherine, et, se relevant, elle abaissa d'une main pieuse les paupières entr'ouvertes sur les yeux doux et puissants qui venaient de se voiler pour jamais. La liberté avait perdu son grand chef. Louise de Coligny était veuve pour la seconde fois avant vingt-neuf ans. Dieu et ses enfants lui restaient seuls.

FIN

TABLE DES MATIÈRES

CHARLOTTE DE LAVAL

LOUISE DE COLIGNY

1891. — Coulommiers. Imp. PAUL BRODARD.